丁浩东 著

有情有趣教文言

天津出版传媒集团
天津人民出版社

图书在版编目(CIP)数据

有情有趣教文言 / 丁浩东著. —— 天津：天津人民
出版社, 2024.4
ISBN 978-7-201-20333-1

Ⅰ.①有… Ⅱ.①丁… Ⅲ.①文言文-教学研究-小
学 Ⅳ.①G623.202

中国国家版本馆 CIP 数据核字(2024)第 060896 号

有情有趣教文言
YOUQING YOUQU JIAO WENYAN

出　　版	天津人民出版社
出 版 人	刘锦泉
地　　址	天津市和平区西康路 35 号康岳大厦
邮政编码	300051
邮购电话	(022)23332469
电子信箱	reader@tjrmcbs.com

责任编辑	郭晓雪
装帧设计	凌点视觉

印　　刷	武汉鑫佳捷印务有限公司
经　　销	新华书店
开　　本	710 毫米×1000 毫米　1/16
印　　张	17.75
字　　数	200 千字
版次印次	2024 年 4 月第 1 版　2024 年 4 月第 1 次印刷
定　　价	76.00 元

序·从热爱出发

　　小的时候，我们喜欢追根溯源，常常追着大人问："太阳为什么叫太阳？""我是从哪里来的？"……渐渐地，我们长大了，小时候的那些纯真的问题都化作了成长中的朵朵浪花。

　　有一次，我读到了这样的句子："惟武王既克大邑商，则迁告于上天曰：'余其宅兹中国，自之辟民。'"这句话来自于西周初年青铜器何尊上的铭文。这铭文里竟然藏着"中国"的由来。我把自己的发现告诉语文何老师，何老师特意在班上表扬了我，说我善于学习，通过查阅资料开拓了知识。何老师还说："一个人要热爱自己国家的文字和语言，这样才能做一个有根的人。"对于老师的话，我似懂非懂，只是觉得那样的句子读起来很有味道，似乎只有那样的字那样的句才能传递出那绵绵的情意来。

　　"荏苒冬春谢，寒暑忽流易。"几年之后，我亦登上讲台，成了一名语文老师。初登讲台的我越来越发现每一个方块字都大有乾坤。汉字，从发端的时候开始，"盖依类象形"，就融合进了图画元素和意象因子。所以，当我们读到某一个汉字的时候，就会目有所见、心有所感。当各种各样的画面呈现在脑海，当百种莫名的滋味涌上心头，你或许会和我一样惊叹："这智慧的结晶！这神奇的精灵！"

　　一种师者的责任驱使着我要把这份热爱传递下去。于是，我更多地研究文本，探索教法，希望在课堂上给学生更多。在我的带动下，孩子们学习语文的热情高涨起来，在朗读中培养语感，在背诵中积累语言，在生活中认真实践。我们不仅大量汲取现代汉语的营养，还将触角伸向了历史悠久的文言文。文言文记录了我们的语言源头，那些古老的经史子集都是用文言写成的，传承至今，历久弥新。文言里凝聚着先贤的汗水和智慧，孩子们一定会爱上这些古老的经典的。我们在这片天地里前行着。

就这样，大概过了两个星期的时间，有的孩子向我反映"太多字不认识""不知道在哪里停顿""读不懂"……有的孩子甚至质疑背诵文言文是否有用。

孩子们的困惑给我出了难题，更为我注入了动力。如何让孩子们爱上文言文，成了横亘在我心中的一道高高山梁。我一边摸着石头，一边过河。

朱自清先生说："中等以上的教育里，经典训练应该是一个必要的项目。经典训练的价值不在实用，而在文化。"上海师范大学王荣生教授在《文言文教学教什么》一书中谈道："文言文，是中国传统文化的载体。在文言文中，文言、文章、文学、文化一体四面，相辅相成。"在不断地探究中，我逐渐坚定了自己的想法，学习文言文最终的落脚点是文化的传承。是啊，看似简单的一篇文言文，却语言简洁，意味隽永，更藏着先贤对生活的洞察和人生的思考，文、史、哲是如此水乳交融般地浑然一体。

为了增强学习文言文的趣味性，我阅读了很多相关书籍，从一本本专著中吸取营养，从一个个教学法中借鉴做法。为了追寻教学的新境界，也曾赶赴杭州，向"诗意语文"取经……心之所系，思之所至。几经思索，我提出了"有情有趣"的文言文教学主张：通过教学策略的实施，实现"课前激情以增趣、课中融情以添趣、课后移情以延趣"。

在不断实践的日子里，课程改革迎面而来，部编版教材大幅度地提高了古诗文的比例，其中，小学阶段的文言文由原来的3篇增加至14篇，加上以"日积月累"等形式呈现的文言语句，文言文的占比明显加重。让每一个学生爱上祖国优美的文字和优秀的文化遗产，是为人师者的责任。

今年，我们又迎来了《义务教育语文课程标准》(2022年版)。新的课程标准告诉我们："教材课程要发挥培根铸魂、启智增慧的作用。"语文课程应"培养学生高雅的审美情趣，积淀丰厚的文化底蕴，继承和弘扬中华优秀传统文化……"围绕核心素养，《课程标准》这样定义文化自信："文化自信是指学生认同中华文化，对中华文化的生命力有坚定的信心。"

文化的表征是文字和语言，而"语言的历史和文化的历史是相辅而行的，它们可以互相协助和启发"。回望文字和语言发展的历史，我们发现文字和语言不仅是一种符号，更是文化的载体。它们源自于中华民族五千多年文明历史所孕育的中华优秀传统文化之中，根植于每一个炎黄子孙的心灵深处，成了我们的文化血脉和精神命脉。可以说，"没有文言，我们找不到回家的路"。

文字记录一个民族的文化，语言反映一个民族的特征。马克思说："人们自己创造自己的历史，但是他们并不是随心所欲地创造，并不是在他们自己选定的条件下创造，而是在直接碰到的、既定的、从过去承继下来的条件下创造。"如今，我们正行走在教育改革的春风里，在继承中发展，在思考后实践，扎根课堂以赓续文化，厚植基因于学生情感，踔厉奋发追文化之根，不负热爱溯灵魂之源。

丁浩东

2021年5月10日

目　录

第一章 溯源

——文言文的发展与特点

第一节 从语言发轫

万物皆有源。

不管是巍峨的高山、葱郁的森林、奔腾的大河,还是地上的兽群、林间的小鸟、水中的游鱼,乃至璀璨的星空、浩瀚的宇宙,都有源头。面对人类赖以生存的地球,先民们就从来没有停止过思考。

比如,关于天地的来源就有很多种不同的说法,现以"盘古开天地"为例略作介绍。据《历神仙通鉴·卷一》记载:"元者,本也。始者,初也,先天之气也。此气化为开辟世界之人,即为盘古;化为主持天界之祖,即为元始。"盘古从哪里来?原来是由"气"所凝成的。有人或许会问,盘古长什么样子呢?这个问题,古人早已想到并做出了回答:

> 盘古之君,龙首蛇身,嘘为风雨,吹为雷电,开目为昼,闭目为夜。

——《广博物志》卷九行《五运历年纪》

盘古之所以为人们所熟知，不仅因为他的出生神奇、长相离奇，还因为他做事谲奇。

> 天地浑沌如鸡子，盘古生其中。万八千岁，天地开辟，阳清为天，阴浊为地。盘古在其中，一日九变，神于天，圣于地。天日高一丈，地日厚一丈，盘古日长一丈，如此万八千岁。天数极高，地数极深，盘古极长。后乃有三皇。数起于一，立于三，成于五，盛于七，处于九，故天去地九万里。

——《艺文类聚》卷引《五运历年纪》

盘古由"先天之气"孕育而成，"龙首蛇身"的长相、"嘘为风雨，吹为雷电"的神技、"开目为昼，闭目为夜"的殊能，加之"开天辟地"的离奇举动，成就了盘古的传奇色彩。通过简单的梳理，我们不难发现盘古的历史源头，加之后世的不断演化，丰富了人们对盘古的认知。盘古从无到有，恰如风起萍之末，虽忽微却终飓；河始娟娟之滴，初细流而汪洋。

我们有"盘古开天地"的古老传说，有"女娲造人"的神话故事，在西方同样流传着这样的故事：上帝用泥土造出了地上的各种动物和飞鸟，把它们带到亚当那里看他怎么称呼它们。无论亚当怎么称呼每一个生物，它们就如此得名。这不仅有对物种起源的大胆构想，而且还点出了语言的起源是从对物质的命名开始的。据统计，目前世界上共有7000多种语言。依靠声音传播又无形无色的语言起源于何时何地何处？纵观古今中外关于语言起源的学说，大致梳理如下：

一、上帝规定说

《旧约·创世纪》第十一章写道：世上原本只有一种语言——亚当

语。所有人的语言都是一样的。巴比伦人（Babylonian）想建造一座"塔顶通天"的高塔，"来吧，我们要建造一座城和一座塔，塔顶通天，为要传扬我们的名，免得我们分散在大地上"。耶和华降临，要看看世人所建造的城和塔。耶和华来到人间，眼前的一切令他惊呼："看哪，他们成为一样的人民，都是一样的言语，如今既作起这事来，以后他们所要作的事就没有不成就的了。我们下去，在那里变乱他们的口音，使他们的言语彼此不通。"于是，为了破坏人类这胆大妄为的举动，上帝一夜之间让语言变得五花八门。人们再也听不懂对方在说什么，误解、分歧使大家终日吵吵闹闹。这一高塔便半途而废。后来，人们把这座塔叫作"巴别（变乱）塔"，也称"通天塔"，并把寻找语言扩散的中心比喻为寻找"通天塔"。

二、神授说

面对风云莫测的世界，古老的先民基于当时的生产力状况和理解能力，总是将无法解释的现象诉诸于神的旨意，加之语言的产生本来就是一个复杂的历史过程，所以，"神授说"应运而生。

柏拉图在《克拉底鲁篇》（Cratylus）中说道："世界万物的名称是由各司其职的神确定的。"比如说在印度的历史资料婆罗门教《吠陀》中就有这样的记载："语言是神赐予人类的一种特殊能力。"在我国同样流传着语言神授的观点，比如在苗族就流传着这样的说法：山神创造了人，并传授了语言。

三、劳动说

关于人类语言的起源，恩格斯从劳动的角度做出了解释。劳动决定了语言产生的需要，"首先是劳动，其次是语言和劳动一起，成为猿人发展的主要推动力，猿的脑髓逐渐变成了人的脑髓"。在共同劳动中，比如狩猎，人们产生了交流的需要。劳动决定了语言产生的可能，从古猿直立行走的那一刻开始，古猿的喉头、耳朵、大脑等功能器官开始了漫长的演化。印度婆罗门教的经典《吠陀》中将语言视作母牛，而呼吸是公牛，由语言和呼吸产生了人心。

关于语言的起源，除了上帝规定说、神授说、劳动说之外，还有手势说（可能存在于语音的早期过渡阶段）、摹声说（模拟自然界的各种声音）、感叹说（语言起源于人的感情冲动）、咳唷说（又叫劳动呼号说，语言起源于人类发出的劳动呼号声）等各种学说。

林林总总的语言起源学说，虽各有利弊，但都是人们热切探求语言起源的一种努力。关于语言的起源，至今仍有很多尚未破解的科学谜题。随着研究的深入和现代科学技术手段的运用，人们对于语言的产生逐渐达成了共识。

语言的产生，需要一定的生理条件、心理条件、社会条件。从诞生之初，语言就是有声的，经过口耳相传，传递彼此的信息，达成交流，完成交际。

语言是一种音和义的结合体，或者说是一种音义结合的符号，而符号就是形象思维向抽象思维发展的产物。现代科学研究发现，语言的成熟被确定为人性出现过程中达到顶点的事件。所谓"人性"就是"语言性"，所谓"人的世界"就是"语言符号"的世界。

随着社会的发展，语言亦在同步发展。作为与时俱进的事物，语言英国人类学家肯尼斯·奥克利（K.Okelly）说："现代人类行为的花朵就是与现代人类语言的首次出现相联系的。"著名学者王蒙在一次题为

《语言的功能与陷阱》的讲座上说："我还常常想到，语言的记录与记忆的功能。各种的事情都是瞬间，所谓'俯仰之间已成陈迹'。成了陈迹以后，当然会留下许多东西。很多的变成了文物，但是更充分的记载靠的是文字，而文字记录的当然就是语言。有时候，我觉得这世界上什么东西都在迅速地消逝着，那么我们看到的，能够存留下来的呢？除了文物以外，就是文字，是文字的记录。"

恰恰是能够记录的文字穿越了千年，倔强地无声地对抗着时间的侵蚀、岁月的剥损，依赖声音传播的有声语言因为科技的不发达而流散在漫漫的历史长河里。回溯历史，有语言而至"符号"就经过了漫长的历史时期。在此，让我们一起回顾人类的符号记录发展史。

语言因社会的需要而产生、存在，并随着社会的发展而发展，那么，随着社会的发展，人类的思维就在促使人类自身开始思考——怎样把每一天发生的事件记录下来呢？于是，人类就发明了一系列的方法。比如说结绳记事，顾名思义，就是用绳结来记录下发生的各种各样的事情。大的事就挽一个大的绳结，小的事就挽一个小的绳结，一件事就挽一个结，十件事就挽十个结。不用多少时日，只见满绳的结，大大小小，密密麻麻，结与结相连，绳与绳相接。再过十年八载，天晓得那个绳结里面记着的是怎样的事情呢！

结绳记事不行，古人就找别的办法。于是，契刻记事应运而生。契刻，简单易行，只需要拿起石头画上或者刻上就可以了。接着，问题也来了，刻在哪里呢？这个问题可难不倒先民。石壁、兽骨、树木等都可以刻画。一件事画一道痕，两件事就画两道痕，小事就画短痕，大事就画长痕。不需要多少时日，只见满壁是痕，长长短短，横七竖八，事情难辨，不知所云。

面对生活的需要，古人没有放弃探索记事的方法。在冥思苦想之下，一种新的记事方法诞生了——物件记事。有的用石头记事，石头随处可见，就地取材，不论是在我国还是在外国都有这样的遗址；有的用贝壳记事，每发生一件事就摆放一个贝壳；有的物件的选择就更进一步，具有了象征意味，记事是用实物表达思想，如用一块牛排表示友好和希望联合，用一根砍断了的牛肋骨表示断交，苦果表示同甘共苦，藤叶表示永不分离等。用各种各样的物件来记事，大大丰富了古人记事的方法，但其缺陷也是显而易见，物件本身不能代表事件，事件的记忆必须依靠人的大脑，而古人的大脑正处于发展变化当中，无法应对多如牛毛的大大小小的事情。难能可贵的是，这种借助实物的音和义表达思想感情的方法，后来成为"会意""假借"等造字方法的源头。

时间在不觉不觉中消逝，古人探索的脚步一分一秒也没有停止。如果能使刻画的痕迹本身表达意义，是不是就能够记录下所发生的事情了呢？例如，狩猎了一头鹿，就在石壁上画一头鹿，就这样，早期的岩画产生了。山川草木、花鸟虫鱼、祭祀婚丧，凡是发生在身边的事，不论大小，不论悲喜，都可以刻画下来，借以表达思想、感受生活、抒发情感、表达心灵期盼和精神信仰。

岩画是古代先民生产生活状况的形象记录和生动写照，故而被誉为"历史的语言"，美术界认为岩画是"艺术之源"。著名汉字研究专家唐兰先生在《中国文字学》一书中指出："文字本于图画，最初的文字是可以读出来的图画。"唐先生所指的图画其实就是由刻画符号演变而来的。

我国曾在40多个地区先后发现了500余个刻画在陶器、甲骨上的符号，它们跟商代的甲金文有的同形，有的近形，时代距今最远的有近八千年历史。在我国新疆地区，一些大山上至今留存着马、羊、猪等牲畜的岩画，还有牧人骑马、猎手拉弓、妇女跪拜等表现生活场景的岩画。

刻画符号，形式固定，易于保存，哪怕经历风雨，依然能够保存下去，更主要的是画面本身能够传递信息。这会说话的刻画符号方便了古人的生活，使人与人、部落与部落之间的交往成为可能，对后世有着深远的影响。因此，有人认为刻画符号是汉字的起源。

那么，是不是可以说刻画符号就是完美的记事方式呢？答案一定是否定的，因为，世间万物，岂能尽善尽美，毫无瑕疵？更何况是遥远的古代。

刻画符号的不足主要表现在：第一，对附着物依赖性强。如果刻画在山洞里面，不说洞壁凹凸不平，石头坚硬无比，单说山洞本身面积有限，刻画在高处多有不便。如果想和别的氏族交流，山洞怎能移动？假设刻在木头或者兽骨上，木头或兽骨随着时间的流逝，自身就会腐烂。第二，对刻画者要求较高。远古之时，没有学校，能刻会画者必定属于专门"人才"，这类人才如何发现，如何培养，这项本领如何原原本本地传于后世，是师徒相授还是有其他方式，我们不得而知。可以想象的是，如果这之间没有做好衔接，就会导致氏族事件记录的中断。第三，受地域局限。远古之时，我们的祖先邻水而居，从黄河的上游一直绵延到下游，遥遥千里之远，地形地貌、物产、风俗习性等或多或少都存在着差异，加之部落与部落之间相距甚远，交往不多，对事物的刻画存在着独特性和个性化。如果彼无我有，或我有彼无，那理解起来就有一道无法逾越的障碍。那么，在远古之时靠什么推动部落之间的沟通和融合呢？答案是战争。

战争的破坏性毋庸多言。但从促进技术交流和文化融合方面来说，战争起到了举足轻重的作用。人类的发展历来就是一个不断融合的过程，华夏民族也不例外。

据《国语·晋语》记载："昔少典娶于有蟜氏，生黄帝、炎帝。黄帝以姬水成，炎帝以姜水成。成而异德，故黄帝为姬，炎帝为姜。二帝用师以相济也，异德之故也。"部落分出去之后，不同的部落就各自发展，按照历史的发展规律来看，一定是越发展部落数量越少，留下的部落实力也越强大，最终统一成一个超大的部落联盟。当时整个华夏逐渐发展为四大部落群，分别是黄帝部落、炎帝部落、蚩尤部落、苗蛮部落。为了争夺资源和土地，难免会因领地纠纷而发生战争，黄帝与炎帝为了争夺土地和领导权就发生了阪泉之战。黄帝打败并征服了炎帝，炎帝部落并入黄帝部落，形成了炎黄部落。《史记·五帝本纪》记下了这段历史：轩辕（黄帝）乃修德振兵，治五气，艺五种，抚万民，度四方，教熊罴貔貅貙虎，以与炎帝战于阪泉之野。三战，然后得其志。后来，炎黄部落与蚩尤部落发生了涿鹿之战，黄帝与炎帝合作打败了蚩尤部落，杀死了蚩尤，并收编了蚩尤的部落。至此，除了苗蛮部落地处偏远之外，以黄帝为首的部落统一了整个华夏，融合了黄帝部落、炎帝部落、蚩尤部落，形成了统治华夏大地的主体。

华夏部落既成，那么，语言、刻画符号等方面的融合迅即拉开了序幕。战争以其无法抗拒的力量打破了原来的"各自为战"，继之以融合代替了分裂，语言的交流促进了人与人之间彼此的了解，推动了文化的共通和共享，使早期的刻画符号逐渐固定成型，由语言而符号的巨大转变为下一阶段的发展做好了铺垫。

第二节 从文字出发

历经千回百转，刻画符号得以产生，人类文明进入新时期，而文字的产生则大大促进了人类文明的进程。《论语·子罕》篇有言："子曰：凤鸟不至，河不出图，吾已矣夫！"孔子晚年意欲传扬礼制，如果没有文字，那丰富的思想和闪光的智慧该如何播撒四方，传于后世？此句中关于文字的重要性虽只字未提，但却字字千钧地点明了文字的重要性，而关于"河出图"的文字神授说，恰恰传递出先民的无以为寄、托之神话的朴拙。

翻开厚重的典籍，关于文字的传说俯拾皆是：

《易·系辞上》：河出图，洛出书。

《书·顾命》：伏羲王天下，龙马出河，遂则其文，以书八卦，谓之河图。

《河图玉板》：仓颉为帝，南巡狩，发阳虚之山，临于无扈洛洞之水，灵龟负书，丹甲青文，以授之。

另一个关于文字起源的传说，则是"仓颉造字"。相传，仓颉"始作书契，以代结绳"。在此之前，人们经历了结绳、刻画等林林总总的记事方式。随着历史的发展，文明渐进，事情渐繁，名物渐多，用原来的老办法远不能适应生活的需要，这就有了寻找新的记事方法的迫切要求。

仓颉，这位史前传说人物，在我国古代战国时代之前的典籍中都从未提及。最早提及仓颉的人是战国时期的荀卿，"故好书者众矣，而仓颉独传者，一也"。汉代后，在《淮南子》和《论衡》中，已从"仓颉造字"发展为"仓颉四目"，仓颉开始踏上了神化的旅途。在不断地演变和渲染中，仓颉"生而能书，又受河图录书，于是穷天地之变，仰视奎星圜曲之势，俯察鱼文鸟羽，山川指掌，而创文字"。（《春秋元命苞》）《淮南子·本经》中记载："昔者仓颉作书，而天雨粟，鬼夜哭。"至张彦远的《历代名画记·叙画之源流》中，则有了新的诠释："颉有四目，仰观天象。因俪乌龟之迹，遂定书字之形。造化不能藏其秘，故天雨粟；灵怪不能遁其形，故鬼夜哭。是时也，书画同体而未分，象制肇创而犹略。无以传其意故有书，无以见其形故有画，天地圣人之意也。"

神话的演变发轫于忽微，在历史的长河里，人们依凭各自的想象丰富着这朵奇异的浪花。稀释了仓颉造字里的神话因素，写实的一面逐渐彰显，"俯察鱼文鸟羽，山川指掌"，"因俪乌龟之迹，遂定书字之形"。仓颉之所以能造字，不是凭空想象，闭门造车，而是受到了山川鸟羽的启发。所以，当历史的车轮来到东汉的许慎之时，在《说文解字·序》中给予了写实一般的记录："仓颉之初作书，盖依类象形，故谓之文；其后形声相益，即谓之字。"

好一个"依类象形"！区区四个字，却直指汉字的形成——源于生活，描摹轮廓，始于刻画，终成符号。

遥想先民的生活，随着时代的发展，先民们生活的需求不断增加，狩猎的能力不断增强，活动的区域不断扩大，对自然的认识能力不断提高。看到一轮红日冉冉升起又徐徐落下，这个大大的圆形的东西给世界带来了光明和温暖。于是，画一个圆形表示太阳的形状，中间点上一点表示太阳里面发光发热的内核，这就有了"☉"。夜晚来临，月亮升起来了，它从弯弯的窄窄的月牙儿到满满的亮亮的圆月，多么神奇的变化！这就有了"☽"。

在狩猎中，先民中学会了合作，就具备了捕获大型动物的能力。比如，马，四条腿，长尾巴，体型高大，体格健硕。这就有了"马"。

就这样，先民们每天把自己的所见刻画下来，山、川、树、木，鸟、兽、虫、鱼，风、雨、雷、电……先民们通过抓住事物特征，描摹实物形状，造出了第一批古老的"字"。像这样通过描摹某个东西的样子，刻画出它的轮廓而形成的"字"，就是象形字。清代学者黄遵宪先生在《己亥杂诗》之五二里面写道："象形文字鸿荒祖，石鼓文同石柱铭。"象形文字是先民的独创，它来源于对本初生活的描摹，一笔一画都透露着原始的气息，堪称"鸿荒祖"。

在《大戴礼记·本命》里记载："化於阴阳、象形而发谓之生；化穷数尽谓之死。"象形的关键是刻画其大概，紧紧抓住主要特征，不可能穷形尽相，纤毫毕现。《史记·乐书》这样说："凡音由於人心，天之与人有以相通，如景之象形，响之应声。""景之象形"，留其大概，如声音响于山谷，声声回响，源头乃一。

当历史的脚步来到南朝的时候，齐国的画家也是较早的绘画理论家的谢赫在《〈古画品录〉序》中写下了这样的文字："六法者何？①气韵生动是也；②骨法用笔是也；③应物象形是也；④随类赋彩是也；⑤经营位置是也；⑥传移模写是也。"很明显，在谢赫的眼中，"象形"的内涵得到了扩充，延伸到了绘画领域，成了一种绘画技法。

时光的脚步不会停歇，朝代的更迭起起落落，但人们对生活的需要和文字的依赖越来越强。文字在不断地发明和演化中，成了一个庞大的家族。"依类象形"，契刻为"字"，它对有形事物的原初记录具有盘古开天地般的伟大意义。生活是广阔的海洋，其多样性和复杂性毋庸赘言；人类是逐渐进化的生灵，时时刻刻都处于变化之中，外在的林林总总刺激着大脑，鼓荡着心灵。于是，想要表达的东西太多太多，需要交流的想法太多太多，这时候，"象形"对无形事物的描摹则显得捉襟见肘。新生活亟需新变革，新变革推动新形势。在文字发明领域，开始了冲破洪荒、再开新局的伟大征程。

悠悠时光长河，点滴变化终成沧海桑田；漫漫历史足迹，跬步之功成就千里之远。文字的发明和衍生究竟经历了怎样的历程？今天已很难考证。我们只能凭借宝贵的史料采撷历史的一隅。

甲骨文

甲骨文，是我国的最古老的文字，又称"契文""甲骨卜辞""殷墟文字"或"龟甲兽骨文"。它是今天我们能见到的最早的汉字。殷商时期，王室贵族上自国家大事，下至私人生活，如祭祀、气候、收成、征伐、田猎、病患、生育、出门等等，无不求神问卜，以得知吉凶祸福决定行止。诚如《礼记·表记》记载："殷人尊神，率民以事神，先鬼而后礼。"故所谓甲骨文者，指的是主要用于占卜记事而记刻在龟甲兽骨上的文字。因为甲骨文是契刻成型的，所以，它的用笔、结字、章法都具有独特的特点。郭沫若在1937年出版的《殷契粹编》的序言中，就对其书法非常赞赏："卜辞契于龟骨，其契之精而字之美，每令吾辈数千载后人神往。文字作风且因人因世而异，大抵武丁之世，字多雄浑，帝乙之世，文咸秀丽。而行之疏密，字之结构，回环照应，井井有条……足知现存契文，实一代法书，而书之契之者，乃殷世之钟王颜柳也。"

晚清之时，金石学家王懿荣于光绪二十五年（1899）治病时，偶然发现"龙骨"上面的刻画痕迹。带着一份敏感和好奇，他追根溯源，找到了"龙骨"的来源地——河南安阳小屯村。后来，人们尊敬地称呼这位最先发现甲骨文的人为"甲骨文之父"。2017年11月24日，甲骨文顺利通过联合国教科文组织世界记忆工程国际咨询委员会的评审，成功入选《世界记忆名录》。

甲骨文作为中国文字的雏形，它的惊天发现填补了那一时段历史的空白，对追溯历史、考证史实、研究文字等都具有无法替代的非凡意义。

金文

金文是汉字的一种书体名称，它成型最早。众所周知，商周是青铜器的时代，其中的礼器以鼎为代表，乐器以钟为代表。因为周朝把铜也叫金，所以铜器上的铭文就叫作"金文"。金文应用的年代，上自商代末期，下至秦灭六国，约800多年。金文的字数，据容庚《金文编》记载，共计3722个，其中可以识别的字有2420个。

金文的内容相当丰富，涉及祀典、赐命、诏书、征战、围猎、盟约等活动或事件的记录，反映了当时的社会生活。金文内容最丰富、最著名的要数毛公鼎了。该鼎于清道光二十三年（1843）出土于陕西岐山（今宝鸡市岐山县）。鼎身铭文约500字。原文隶定如下：

王若曰："父歆，丕显文武，皇天引厌厥德，配我有周，膺受大命，率怀不廷方亡不觐于文武耿光。唯天将集厥命，亦唯先正略又厥辟，属谨大命，肆皇天亡，临保我有周，丕巩先王配命，畏天疾威，司余小子弗，邦将曷吉？迹迹四方，大从丕静。呜呼！惧作小子溷湛于艰，永巩先王。"

王曰："父歆，余唯肇经先王命，命汝辥我邦，我家内外，惷于小大政，粤朕立，虢许上下若否。宁四方死母童，祭一人才立，引唯乃智，余非庸又昏，汝母敢妄宁，虔凤夕，惠我一人，拥我邦小大猷，毋折缄，告余先王若德，用印邵皇天，緟恪大命，康能四国，俗我弗作先王忧。"

王曰："父歆，余之庶出，入事于外，专命专政，蓺小大楚赋，无唯正闻，引其唯王智，乃唯是丧我国，历自今，出入专命于外，厥非先告歆，父歆舍命，毋又敢专命于外。"

王曰："父歆，今余唯緟先王命，命汝亟一方，弘我邦我家，毋顑于政，勿雝建庶口。毋敢蠹橐，蠹橐乃侮鳏寡，善效乃友正，毋敢湛于酒，汝毋敢坠在乃服，恪夙夕，敬念王畏不赐。女毋弗帅用先王作明刑，俗女弗以乃辟圅于囏。"

王曰："父歆，已曰及兹卿事寮，大史寮，于父即君，命女摄司公族，雩三有司，小子，师氏，虎臣雩朕褱事，以乃族干吾王身，取专卌孚，赐汝秬鬯一卣，裸圭瓒宝，朱市，恖黄，玉环，玉瑹金车，绎较，朱嚣弘斩，虎冟熏裏，右厄，画鞲，画輴，金甬，错衡，金童，金豪，涷緉，金篔第，鱼箙，马四匹，攸勒，金口，金膺，朱旂二铃，易汝兹关，用岁于政，毛公对歆天子皇休，用作尊鼎，子子孙孙永宝用。"

这简直是令世界震惊的铭文！如此巨大的篇幅，如此丰富的表述，煌煌巨著，鸿篇大章，足可以见出文字的完备和成熟。令我们无法想象的是从远古的甲骨文到商周时期的金文，这期间文字是如何一步步演化的，多少人的汗水，多少人的智慧，才凝聚成一个个珍宝，诞生一个个精灵！

大篆

历史的车轮似乎不理会声声慨叹，它滚滚而过，大篆应运而生。大篆是西周晚期普遍采用的字体，相传为夏朝伯益所创。大篆亦指籀文、石鼓文，因其着录于字书《史籀篇》而得名。

大篆有两个特点：一是线条化，早期文字中粗细不匀的线条变得均匀柔和，简练生动；二是规范化，字形结构趋向整齐，逐渐离开了图画的原形，奠定了方块字的基础。在此，我们不得不说字形变化的一小步，就是文字前进的一大步。在小篆当中，还有部分字的字体原始味道浓厚，当大篆的线条开始变得简练生动，渐趋整齐，化圆为方，脱胎于依类象形、契刻符号的文字，就走上了独立发展的道路。

小篆

春秋战国时期，军阀割据，致使各国文字"言语异声，文字异形"，这种简繁不一、一字多形的混乱现象给彼此的交流带来极大不便。秦统一六国之后，在统一货币、车轨和度量衡制度的同时，又着力推行"书同文"政策。《说文解字·叙》中记载了当时的情况："丞相李斯乃奏同之，罢其不与秦文合者。斯作《仓颉篇》，车府令赵高作《爰历篇》，太史令胡毋敬作《博学篇》，皆取史籀大篆，或颇省改，所谓小篆者也。"由此也可以看出小篆是在籀文大篆的基础上沿革演变而成的。李斯在籀文的基础上删繁就简，废除异体而创秦隶，统一了全国的文字，这就是小篆。

小篆的制定过程是中国第一次有系统地将文字的书体标准化的过程。小篆的书体更趋简化，线条圆匀，字呈竖势，是我国汉字的一大进步，在汉字发展史上具有重要的里程碑式的重大意义，为后来楷、隶、行、草诸书的变革开辟了广阔的道路。

隶书

根据出土简牍和史料研究，隶书始创于秦朝，传说程邈作隶。据文史研究专家吴伯陶先生的研究发现："小篆还保存了象形字的遗意，画其成物随体诘屈；隶书就更进了一步，用笔画符号破坏了象形字的结构，成为不象形的象形字。"如果说小篆是去契刻，使汉字的书体标准化，那么，隶书则使汉字完全独立化，朝着以字为基点的方向发展，使中国的书法艺术进入了一个新的境界，是汉字演变史上的一个转折点，奠定了楷书的基础。印度前总理尼赫鲁曾经不无感慨地说："世界上有一个伟大的国家，她的每个字，都是一首优美的诗，一幅美丽的画。这个国家就是中国。"汉字如诗如画般美丽，或许就是从隶书开始的。

西晋的卫恒《四体书势》对隶书本体及其产生背景进行了经典叙述："隶书者，篆之捷也。"正如卫恒所言，隶书是通过"隶变"从篆书字体中脱胎产生的。它字体庄重，书写效果略微宽扁，横画长而直画短，讲究"蚕头燕尾""一波三折"。发生"隶变"的内在动因是为了适应当时社会发展对文字应用的要求，其变化的核心是字形结构的简化和书写方式的"简捷流便"。有着"东方黑格尔"美誉的清代著名学者刘熙载在《艺概·书概》中表达了同样的看法："隶于八分之先后同异，辨而愈晦，其失皆坐狭隶而宽分。夫隶体有古于八分者，故秦权上字为隶；有不及八分之古者，故幢、王正书亦为隶……书之有隶，生于篆，如音之有徵，生于宫。故篆取力弇气长，隶取势险节短，盖运笔与奋笔之辨也。"适应当时社会发展的"隶变"不经意间成了源源动力，推动汉字向新的领域挺进。

楷书

楷书，始于汉末。楷书的产生，紧扣汉隶的规矩法度，而追求形体美的进一步发展。它由隶书逐渐演变而来，更趋简化，横平竖直，字体端正。正是因为这样的形体，楷书又被称为正楷、真书、正书。《辞海》中给予楷书这样的阐释："形体方正，笔画平直，可作楷模。"楷书变波、磔而为撇、捺，且有了"侧"（点）、"掠"（长撇）、"啄"（短撇）、"提"（直钩）等笔画的变化，诚如翁方纲所说："变隶书之波画，加以点啄挑，仍存古隶之横直。"如此变化，使字体结构更趋严整，所以，隶书一直沿用至现代。

初期的楷书，仍残留极少的隶笔，结体略宽，横画长而直画短。探究楷书演进的历程和规律，可以将中国楷书的发展分为四个时期：即楷书的萌芽期——秦汉，楷书发展期——魏、晋、南北朝，楷书繁荣期——隋、唐、五代，楷书守成期——宋、元、明、清。如果说秦朝的李斯等人发起文字变革是为提高文字的统一性，提高书写的便利，促进彼此交流的便捷，那么，书法家的出现就纯粹是以将汉字写得美观作为追求了。比如，楷体书法最为著名的四大家是唐朝的欧阳询、颜真卿、柳公权，元朝的赵孟頫。他们的书法各具特长，欣赏之情，玩味之情，愉悦之情油然而生，使汉字超越功利实用而走向审美的宽广领域。

草书

《说文解字》中说："汉兴有草书。"草书始于汉初，其特点是字之梗概，损隶之规矩，纵任奔逸，赴速急就，因草创之意，谓之草书。蔡邕如此评价："势来不可止，势去不可遏。"

为了书写简便而创生的草书，由于字形太简单，彼此容易混淆，所以，宛如惊鸿一瞥，收束倩影，归于书法艺术一途。正如李志敏所说："临于池，酌于理，师于物，得于心，悟于象，然后始入草书妙境。"书法是我国艺术殿堂里的珍品，不仅有人执此为业，更有人将此作为毕生的追求。这催生了新的书法门类，拓宽了书法艺术的新领地，更大范围地拉开了字的书写和交流的实用目的与审美艺术之间的距离。

行书

行书，大约出现于东汉末年，是在楷书的基础上发展起源的，是介于楷书、草书之间的一种字体。行书的名称始见于西晋卫恒《四体书势》一文："魏初，有钟（繇）、胡（昭）二家为行书法，俱学之于刘德升。"行书的出现是为了弥补自身的书写速度太慢和草书的难于辨认而产生的。

唐代张怀瓘在《书断》中记载："行书者，刘德升所作也。即正书之小伪，务从简易，相间流行，故谓之行书。"行书乃"正书之小伪"，字体上"务从简易"，不仅道出了行书的来源，而且道出了书写上的要求与流向。清宋曹更是一语道破了行书书体的要义："谓行者，即真书之少纵略。后简易相间而行，如云行流水，秾纤间出，非真非草，离方遁圆，乃楷隶之捷也。"

行书以其"行笔而不停，著纸而不刻，轻转重按，如水流云行"的特点而拥有了强大的生命力。纵观漫长的书史，篆书、隶书、楷书的发展都存在盛衰的变化，而行书则长盛不衰。

悠悠千年演变史，殷殷中华汉字情。甲骨文—金文—小篆—隶书—楷书—草书—行书，每一次演变都是历史的飞跃，都是文化的掘进，也难怪有学者提出"汉字是中国的第五大发明"。

在汉字中，我们追寻先辈。我们不会忘记汉字"始于契刻"、源于生活、起于象形的源头，我们不会忘记仓颉、李斯、程邈、许慎……这一个个闪光的名字，我们不会忘记"依类象形""形体方正""云行流水"的字体特征，我们不会忘记河南安阳小屯村和王懿荣，那片片甲骨上铭记着先辈美好的祈望和中华的印记。正是因为这样，中文信息研究会的秘书长萧启宏这样说："汉字是中国文化之根；汉字是国家统一之本；汉字是国人立命之神。"

在汉字中，我们寻觅文明。甲骨文的发现将我们的历史向前推进了1000多年，让一些讹误烟消云散。比如王国维借助甲骨文考证了《史记》中关于殷商世系记载的可靠而并非"传想"，这不但说明了甲骨文的发现"使世人知殷墟遗物之有裨于经史二学者有如斯也"，反过来又证明了《史记》关于这个问题的科学性。郭沫若先生从"田"字推测："殷商必然有四方四正的方块田，才能得出那样四方四正、规整划分的象形文字。"

在汉字中，我们涵咏文化。文字是记录文化的符号系统。汉字是中华文化的核心，是华夏文明精神的旗帜，是我们的文化基因。"中国"一词最早见于西周初年的青铜器"何尊"铭文中的"余其宅兹中国，自之辟民"。同时又以"华夏""中华""中夏""中原""诸夏""诸华""神州""九州""海内"等的代称出现。一个国家的文字表达和承载着一个国家、民族的文化，文字因国家、民族文化的发展而传承，国家、民族文化也因文字的传承而延续、发展。

"在中华民族的形成过程中，汉字作为汉语的最重要的交流手段，作为记录汉语信息的载体和传媒，在汉民族和以汉民族为中心的整个中华民族的政治、文化、经济生活中，一直起着无可替代的重要作用。"

伟大的汉字从历史中来，重要作用无可替代，由一个个汉字连缀而成的话语——文言，一直流传了千年。探索文字，研析文言，别有洞天。

第三节　向文言演进

经过前面的章节讲述，我们清楚地知道了从结绳而契刻而汉字，经历了漫长的历史时期，而在文字产生之前，"语言"就出现了。最原初的语言或许是狩猎时的喊叫，或许是耕种时的呼喊，或许是喜悦之时的一声叫嚷，或许是沮丧之际的一嗓长啸。虽然原因各异，但是，一定是源于个人或集体的实际生活需求，具体原因，不可冒昧臆想。

《庄子·齐物论》中有着这样的记载："夫道未始有对，言未始有常，为是有畛也，请言其畛：有左，有右，有伦，有義，有分，有辩，有竞，有争，此谓之把德。"意思是说道原本是没有分界的，语言原本是没有定说的。为了交流的便捷，人们为万物命名，称说之间，统一了认知，打开了交流的大门。

恰恰是"道行之而成，物谓之而然"，命名万物，扩大交流，提升认知，再结合着文字的成型，于是，说和写之间彼此照应，相辅相成，渐成体系。

今日的学者将汉语的发展分为三个时期：上古期、中古期和近代期。上古期是指公元3世纪以前，即历史上商、周、秦和两汉时期；中古期是指公元4世纪到公元12世纪，即历史上的魏晋南北朝、隋唐、五代十国、两宋时期；近代期是指公元13世纪到19世纪，即历史上的元、明、清时期。

不同时期的语言自然是各有各的特点，但概而言之都是"文言"。那么，什么是"文言"？著名语言文学家、教育家王力先生在《古代汉语》中指出："文言是指以先秦口语为基础而形成的上古汉语书面语言以及后来历代作家仿古的作品中的语言。"文言文，也就是用文言写成的文章，即上古的文言作品以及历代模仿它的作品。文言文作为一种定型化的书面语言，沿用了两三千年，从先秦诸子、两汉辞赋、史传散文，到唐宋古文、明清八股……都属于文言文的范围。也就是说，文言文是中国古代的书面语言，是现代汉语的源头。

文言文，第一个"文"，通"纹"，是修饰、加工的意思。"言"是记述、记载等的意思。"文"和"言"合起来就是经过修饰的语言，也就是我们常说的书面语言，这是相对于"口头语言"来说的。纵观我国的语言发展史，文言文一直处于主导地位，直到五四运动以后，白话文才取得正式书面语的资格。

历史的发展总以不可阻挡的伟力滚滚向前，又总以无法言明的奥妙拐了一个弯。在我国的语言发展史上，就曾出现了一些独特的现象，正是这些不起眼的现象，影响了语言发展的历史走向。现在，择取部分现象以飨读者。

首先，我们说说言文分离。言文分离，顾名思义，就是文章里面的书面语言和日常说的口头语言不一样。在那个皇权至上的时代，秦始皇能够通过一纸政令做到统一文字，却无法统一各地的语言，开启了"言文分离"的序幕。原来的齐、楚、燕、韩、赵、魏散布在黄河南北的广袤地区，各自都是独立的国家。每个国家的人都操着各自的语言，哪怕是一个国家内部，方言区亦比比皆是。所以，当小篆在全国流行开来的时候，呈现在人们面前的是一个个"不动声色"的字。它有形无声，于是乎，齐人读齐音，楚人念楚调，赵人依赵腔，真是南腔北调。又加上汉字本来就是表意文字，形与义联系虽紧密，但并不能直接指示读音。这样的特点有利有弊，有利的是汉字可以不受读音的束缚而独立存在并不断传承，汉字可以超脱于语音之外，不受方言差异和语音变化的影响，独立传承通行全国，可谓是"万变不离其宗"，有弊的是在没有任何留声设备的情况下，汉字的音与形之间的隔膜逐渐加大，你读你的，我读我的，互相之间却无法听懂。遭遇如此困境，更加促使人们依赖文字进行交流，大到律法的推行、政令的颁布，小至朋友的沟通、家人的信函，无一不是依托文字传情达意。

当汉武帝刘邦建立大汉的时候，他推行"罢黜百家，独尊儒术"的方针，以儒经作为入仕的标准，用"文言"作为全国交流的标准语言，使"文言"获得了官方语言的地位，将"文言"定为学校教育的标准语言。此举无形当中将"文言"关进了象牙塔，作为活泼的口头语言很难走进来。固化了的文言和生活中的巷头俚语被迫分道扬镳，朝着各自的方向疾驰而去。胡适先生认为，到汉武帝时，"古文已成了一种死文字了"。由此可见，汉武帝时期"言文分离"的情况已经非常明显。

历史在前进，沿袭和革新不断发生，可是对于文言古籍的承袭有增无减，革新者寥寥，俨然是"春风不度玉门关"的冷寂景象。从汉魏直到明清，由于官方的推行和科举考试的需要，读书人读的是古老的典籍，承递的字句和形式源于前人的格式；在考试时，读书人又刻意模仿"四书""五经"的语言进行书面写作，因因相袭，以效法古人为上，这更加导致文言文与后世的口语的距离越来越大。

时空阻隔，溯源不易，今天的我们该如何窥测遥远的古代语音的信息？现在，我们就从一首诗开始谈起，说说"音字分离"。

　　远上寒山石径斜，白云生处有人家。

　　停车坐爱枫林晚，霜叶红于二月花。

　　这首《山行》乃唐朝诗人杜牧所作，山路蜿蜒，白云缭绕，山林秋色如画图，情韵悠扬上碧霄。其意境优美，余味无穷，令人称赞，除此之外，令这首诗流传千古的原因还有读起来琅琅上口。究其原因，简单地说就是押韵。押韵？"斜"不是读作"xié"吗？是的，在今天的话语体系当中的确是这样的。可是，当我们把这首诗还原到晚唐，"斜"的的确确是读作"xiá"。在读音方面，究竟是还原本音还是依循今天，不属于此处探讨的范畴，但可以肯定的是语流音变无时无刻不在发生，从我们所学习的唐诗宋词当中就有很多这样的例子。

　　无独有偶，在《诗经·豳风·七月》当中依然有此先例："七月流火，九月授衣。一之日觱发，二之日栗烈。无衣无褐，何以卒岁。三之日于耜，四之日举趾。同我妇子，馌彼南亩，田畯至喜。"现在读起来，我们并不觉得押韵，尤其是火、衣、亩、子、喜等自，读音相差很大。但是，当我们运用"叶韵"就是另外的一番景象了，比如"火"即"毁"音，"发"即"费"音，就通顺流畅很多。

　　音和字不能统一的现象也表现在地名用字当中。比如说蔚（yù）县、洪洞（tóng）、解（hài）州、东阿（ē）、乐（lào）陵、涡（guō）阳、繁峙（shì）、铅（yán）山、丽（lí）水、台（tāi）州、德（déi）州……导致地名读音和当今的普通话读音出现差异的原因是多方面的，比如受当地方言的影响、历史沿革等，致使有些读音成为孤例，仅存在当地人的口中。

　　现代著名语言学家赵元任在《从家乡到美国——赵元任早年回忆》中描述了这样的情形：儿时在家乡读书，用的是常州方言，"我五岁的时候说一种不顶纯正的京话,说一种地道的江苏常熟话,可是念书就只会用江苏常州音念"。需要补充的是,所谓"常州音",并非"乡谈",而是"绅谈",是乡绅这样的读书人使用的方言。绅谈与乡谈在语音上有雅俗之别,词汇范围也不能完全对应重合。语言学家所做过一些个案研究,值得我们参考。

"窥一斑而知全豹",在长达三千多年的漫长时光里,文言发展变化慢如蜗牛,而语音的变化则一路疾行,最终,语音将文字远远甩在后面,绝尘而去。这样一来,"言文分离"日趋加重,文言艰涩难懂之弊病日益凸显,废文言崇白话之风盛行开来。

其实,早在唐宋时代就有人出来反对"言文脱节"的现象。唐代韩愈提倡散文,反对骈体,史称"文起八代之衰"。骈体起源于汉魏,成熟于南北朝,讲究对仗和声律,四字六字相间,称"四六文"。韩愈反对这种注重形式、束缚思想的文体,提倡接近口语、表意自由的文言散文,使文体恢复到未受骈体束缚以前的时代,所以,被称为"古文运动"。

在盛唐之时,国力鼎盛,威服四方,文化远播。在内外的交流中,大量来自印度和日本的僧侣涌入中华。他们操着本国的语言是无法和唐朝人沟通的,更何况还要面对文明程度较低的普通大众。于是,他们既发奋自学唐之语言,又大量吸收街头巷尾的通俗口语,用讲故事的方法吸引群众,以达到宣传佛教、宣扬教义的目的。这种特殊的语言样式通俗易懂,贴近民众生活,采用说唱故事的方式,形式新颖,让人喜闻乐见,自然具有生命力。后世其逐渐发展成为鼓词和弹词,成为早期的白话文学。

到宋代,白话文学领域又增添了一名新兵——语录。起初,禅宗佛徒辑录师父言谈,用口语体。后来,宋代理学家程颢、程颐的门人,也用口语体记录老师的言论。宋元间又有"话本"这种类型的白话文化诞生。这是说书人讲说故事的底本。"画"是故事，"本"是底本，分为小说和讲史两类。前者多为白话短篇，后者是浅近的文言长篇。

历史发展到明清之时，章回小说盛行，如《金瓶梅》《红楼梦》和《水浒传》等作品风靡全国，因为它们是用当时的白话书写而成，浅近素白，使白话在民间得到广泛传播。但是，当时的文学正宗依然是文言文。清末维新运动时期，开始有意识地提倡白话，兴起称为"新文体"的"通俗文言文"。例如，黄遵宪引俗话入诗，反对崇古，他在1868年（同治七年）写的新诗，是文体解放的开路先锋："我手写我口，古岂能拘牵？即今流俗语，我若登简编，五千年后人，惊为古烂斑！"

1897年，晚清裘廷梁在《论白话为维新之本》一文中提出"崇白话，废文言"的主张。他说白话有"八益"，如"省日力（时间）、免枉读（误解）、便幼学、炼心力（思想）、便贫民"等。从工具语言观的角度出发，他认为："于是因音生话，因话生文字。文字者，天下人公用之留声器也。文字之始，白话而已矣。"文和言从远古的一致走向了分离，必将导致严重的后果，"后人不明斯义，必取古人言语与今人不肖者而模仿之，于是文与言判然为二，一人之身，而身口异国，实为二千年来文字为一大厄"。

1899年，陈荣衮撰文指出"文言之祸亡中国"，提倡报纸宜改用白话文。从此，他投身教育，编写妇孺课本，一度赴开平县邓氏家塾任教，不久即赴澳门，在荷兰园正街设馆教学，初名"蒙学书塾"（后改为"灌根书塾"）。是年，又组织"教育学会"（后改为"蒙学会"），废止初级学生读四书五经，使用改良的白话文课本。

当历史推进到近代的时候，点点滴滴的思潮终于汇聚成排山倒海的力量。1919年，风云际会，革新思潮汹涌澎湃，掀起轰轰烈烈的五四运动。五四运动在文学语言革新上最显著的特点，就是弃文言用白话。在当时的文坛上，主张使用白话写作的新潮文人，把流行几千年的文言丢到一边，形成了一个新文化运动群体。其中不遗余力、身体力行推行白话文的领袖人物就是胡适。

胡适创作了很多白话诗歌，实践着自己的文学主张。1916年8月23日，胡适写了一首诗，叫《朋友》，据说是文学史上第一首白话诗。发表于1917年2月号的《新青年》之时，诗题改为《蝴蝶》：

> 两个黄蝴蝶，双双飞上天。
>
> 不知为什么，一个忽飞还。
>
> 剩下那一个，孤单怪可怜。
>
> 也无心上天，天上太孤单。

胡适把他的白话新诗集命名为《尝试集》。在不断地思考和摸索中，胡适形成了自己的白话文主张。1917年1月，胡适发表了《文学改良刍议》一文，明确地提出了当时文学的八个主张，也就是后来的"八不主义"：

①不做言之无物的文字；

②不做无病呻吟的文字；

③不用典；

④不用套语烂调；

⑤不重对偶，文须废骈，诗须废律；

⑥不做不合文法的文字；

⑦不摹仿古人；

⑧不避俗话俗字。

胡适主张使用"白话"作为文学语言改革的基础，对于白话，他的看法是：

①白话的"白"是戏台上"说白"的白，是俗语"土白"的白，故白话即是俗话；

②白话的"白"是"清白"的白，是"明白"的白，白话但须要"明白如话"，不妨夹几个文言的字眼；

③白话的"白"是"黑白"的白，白话便是干干净净没有堆砌涂饰的话，也不妨夹入几个明白易晓的文言字眼。

胡适主张："文字没有雅俗，却有死活可道。古人叫做欲，今人叫做要；古人叫做至，今人叫做到；古人叫做溺，今人叫做尿；本来同一字，声音少许变了。并无雅俗可言，何必纷纷胡闹？至于古人叫字，今人叫号；古人悬梁，今人上吊；古名虽未必佳，今名又何尝少妙？至于古人乘舆，今人坐金轿；古人加冠束帻，今人但知戴帽；若必叫帽作巾，叫轿作舆，岂非张冠李戴，认虎作豹？"

面对崇白话抑文言的浪潮，吴宓、黄侃、林纾、梅光迪、章士钊等学者提出了不同的看法。章太炎在《白话与文言之关系》当中纵论"白话与文言之关系"时，称"以此知白话意义不全，有时仍不得不用文言也"，"白话中藏古语甚多，如小学不通，白话如何能好？"

当时，著名经学家黄侃和胡适同在北大任教。黄侃先生竭力反对胡适的白话文运动，二人之间话里话外发生了一些趣事。有一次，黄侃对胡适说："你口口声声要推广白话文，却未必出于真心。"胡适不解其意，黄侃答道："如果你身体力行的话，名字就不应叫胡适，应该叫'往哪里去'才对。"胡适听后一时语塞。

还有一次，黄侃在北大讲课中，竭力赞美文言文的高明，举例说：

"如胡适的太太死了，他的家人电报必云：'你的太太死了，赶快回来啊！'长达十一字。而用文言则仅需'妻丧速归'四字即可，只电报费就可省三分之二。"胡适著《中国哲学史大纲》，仅成上半部，全书久未完成。黄侃曾在中央大学课堂上说："昔日谢灵运为秘书监，今日胡适可谓著作监矣。"学生们不解，遂问其故？黄侃道："监者，太监也。太监者，下面没有了也。"学生们大笑。

今天的我们反观百年前的争辩，不禁为那一声声呐喊所震撼，古之贤者的每一次发声都是为了文化更好地传播与继承。反对的声音也好，赞同的声音也罢，均大公于天下，无愧于历史。

著名语言学家吕叔湘先生曾经恳切地说道："古今汉语一脉相承，白话和文言的关系千丝万缕割不断"，诚哉斯言。拥有着三千多年悠久历史的文言是我们宝贵的财富，它是我们民族语言的源头和根脉。源深而流长，根深叶方茂。不管是哪一个民族，文字是民族的标志，语言是民族的特征。由文字和语言编织而成的文化基因早已深深烙进我们的精神深处。因为"语言是人类文化的载体和重要组成部分；每种语言都能表达出使用者所在民族的世界观、思维方式、社会特性以及文化、历史等，都是人类珍贵的无形遗产"。

日本幼儿开发协会理事长、索尼公司创始人井深大不无感慨地说："汉字是智慧和想象力的宝库。"由智慧凝聚而成的汉字美名远播，那么，由汉字有机组合而成的汉语里，又有着怎样的无穷魅力呢？我们下一节接着说。

第四节　向文化努力

从2019年起，全国推行使用部编本教材。翻开一年级上册教材《识字》第一课，"天 地 人"三个大字扑面而来。经过专家组反复斟酌审定的教材，以"天 地 人"三个字为肇始，开启孩子的小学语文生涯，揭开小学12册语文教材的大幕，此举不禁让人心生疑窦，"天 地 人"为何能担此大任？

从年段目标定位来说，通过教材，带领学生识字是不容置疑的。"天 地 人"，简简单单的三个字，在学生没有跨入一年级门槛的时候，就在生活中经常使用，因用而熟，因熟而易，或许很多孩子已能正确地认读。作为入门级的生字，这三个字自是恰当。

可是，话又说回来，"天 地 人"之所以高频率地出现在人们的口头、笔下，那是因为它们是构成我们这个世界的核心要素。举目可见的天空高远而又深邃，我们敬若神明。太阳东升西落，给了我们时间的刻度，播撒的阳光普照万物，为我们提供必要的氧气、丰富的食物、多彩的世界。月亮吐露清辉，星辰点缀夜空，它们无不以自己的方式带给人们无穷的美好和无限的遐想。现在，我们再把目光投向广袤无垠的大地。大地哺育万物，高山挺拔，河流纵横，森林茂密，哪一样不是奇迹？大地长出庄稼，供人食物，犹如慈祥的母亲，不言不语，不眠不休。其实，不仅是食物，人们的衣、住、行、用，没有一样能离开大地的给予。"天地大美而无言"，当我们头顶青天、脚踏大地之时，心中升腾起来的是婴孩对母亲般的依恋和感念。随着人类对天地自然的了解越来越多，我们对于天地而言，也从依赖走向理解，从顺应走向驾驭。从这个角度来说，青天亘古立于顶，大地无声匍匐下，人居天与地之中，"天 地 人"

构成了我们这个可爱的世界。

远古的先民对天地缺乏了解，日月轮回、四季更迭、风雷雨雪……如此变幻莫测的自然莫不是有神灵在主宰着这一切？了解甚少，敬畏加倍，自然把"天"奉若神明，顶礼膜拜。于是，为求得上天的庇护，人们夯筑高台，是为"泰坛"，虔诚跪拜，向天祈求免除灾祸、风调雨顺。久而久之，头顶的圆圆的那片天就被神化了。看看"天"的甲骨文写法便可看出端倪：

据《说文解字》记载："天，颠也，从一大。""颠"就是高的意思，皇帝祭天都选择高处，因为地理位置越高，就越接近天，上天就能"听到"自己的诉求。在甲骨文中，为便于契刻，"天"为方形。到了金文时代，"天"多为圆形。不论方、圆，能够让人臣服膜拜、高高在上的东西，一定是非凡之物。

无独有偶，在埃及的万神庙壁画里，埃及诸神的头顶上都有一个圆形物，或者手持球形。埃及诸神的造型，本意与甲骨文造型相同，诸神来自天，故头顶上的圆形物就是"天"的象征。

《礼记·祭义》云："天之诸神，莫大于日，祭诸神之时，日居群神之首，故云日为贵也。"甲骨卜辞中，有着"宾日""出日""各日""出入日"等关于祭祀太阳的记载，人们对太阳顶礼膜拜，朝迎夕送，就是对"天"的敬畏。

如果你回溯历史，一定能发现更多的关于"天"的记载：

"天圆如张盖，地方如棋局。"（旧盖天说。）

"天似盖笠，地法复磐，天地各中高外下。"（记载于《周髀算经》，为新盖天说或周髀说。）

"四方上下曰宇，往古来今曰宙。"（来源于战国时代的尸佼《尸子》一书。"宇"表示东、南、西、北、上、下六个方向，即表示空间。"宙"表示过去、现在和将来，即表示时间。）

时间在流逝，人们对天地的猜想和探索一刻也没有停止。东汉天文学家张衡在《张衡浑仪注》提出了"浑天说"："浑天如鸡子。天体圆如弹丸，地如鸡子中黄，孤居于天内，天大而地小。天表里有水，天之包地，犹壳之裹黄。天地各乘气而立，载水而浮。"天圆如弹丸，地如卵中黄，如此大胆的猜想和恰切的比喻，已经接近了现代科学的探究所得。

人们不仅在猜测天，也把天请进了文学作品里。《盘古开天地》里，天是这样的："天地混沌如鸡子，盘古生其中。万八千岁，天地开辟，阳清为天，阴浊为地。"不止如此，相关的民间传说还有"女娲补天""夸父逐日""后羿射日""共工怒触不周山""嫦娥奔月"……

纵观历史，我们可以这样说，从祭祀礼仪到器物制作，从建筑结构到墓室设计，从神话哲思到数术占卜，"天"已然渗透在生活的每一个细节里，活跃在先民的每一个细胞里。面对天地，我们可以从古籍中发现"天地""乾坤""六合""宙合"等不同的说法。

面对一年级的小学生，我们固然不用如此大动干戈，可是，能够不失时机地有选择性地渗透，走到文字的背后去，为课堂增添一些趣味和文化，又何乐而不为呢？仅仅以"天 地 人"中的"天"字为例，辨其形、知其意、探其源，在历史中钩沉，在文化里流连，足以令我们沉醉，更遑论"地""人"以及三者之间的关系。从这个意义上讲，汉字是我们的精神基因。

2014年9月24日，习近平总书记在纪念孔子诞辰2565周年国际学术研讨会暨国际儒学联合会第五届会员大会开幕会上的讲话中谈道："不忘历史才能开辟未来，善于继承才能善于创新。优秀传统文化是一个国家、一个民族传承和发展的根本，如果丢掉了，就割断了精神命脉。我们要善于把弘扬优秀传统文化和发展现实文化有机统一起来，紧密结合起来，在继承中发展，在发展中继承。"流淌千年的文言就是我们的文化之根，流传千年的典籍就是我们的精神命脉。文化大厦，巍巍屹立，文字虽演化，千年相赓续。文字演化的历程在前文中已经做了介绍，现在，我们就要说一说造字方法。

"六书"首见于《周礼·地官·保氏》："保氏掌谏王恶，而养国子以道，乃教之六艺：一曰五礼；二曰六乐；三曰五射；四曰五驭；五曰六书；六曰九数。"美中不足的是《周礼》只记述了"六书"这个名词，却没加以阐释。"

时间来到了东汉，儒家学者、经学家郑玄对"六书"加以说明："六书，象形、会意、转注、处事、假借、谐声也。"（"处事"即"指事"，"谐声"，即"形声"。）

至此之后，和郑玄同为东汉时期的史学家、文学家班固在其《汉书·艺文志》中把"六书"之名定为"象形、象事、象意、象声、转注、假借"。此举，将造字学说又推进了一大步。

前贤笃行，后学赓续，终于成就集大成之鸿篇巨制——《说文解字》。许慎作为东汉时期著名的经学家、文字学家，于东汉永元二十年初步完成《说文解字》，然后开始校书。在校书期间，许慎的知识涉猎更广，研究更加精深。为了令书稿更加完善，许慎一直都没有定稿，而是不断地将新的发现和收获补充进去。直至建光元年，许慎才最后写成定稿，将《说文解字》献于朝廷。

《说文解字》这部历时三十年光阴编撰而成的世界上第一部字典终于诞生了，它规范了汉字的形、音、义，对后世的影响无法估量。于是，学术界称许慎为"许君"，称《说文解字》为"许书"，称其学为"许学"。基于许慎对汉语文字学所做出的杰出贡献，其被尊称为"字圣"。

许慎在《说文解字》中对"六书"作了详细的注释与说明："周礼八岁入小学，保氏教国子，先以六书。一曰指事：指事者，视而可识，察而可见，'上''下'是也；二曰象形：象形者，画成其物，随体诘诎，'日''月'是也；三曰形声：形声者，以事为名，取譬相成，'江''河'是也；四曰会意：会意者，比类合谊，以见指㧑，'武''信'是也；五曰转注：转注者，建类一首，同意相受，'考''老'是也。六曰假借：假借者，本无其字，依声托事，'令''长''令'是也。"

"六书"反映了战国末期到汉代之间的人们对汉字的结构和使用情况的认识。它建立在小篆的基础上，是一个完善周密的条例。对于汉字，特别是对古文字，它能够予以充分说明，对汉字的演化和发展起着重要的指导作用。可以说，"六书"是我国文字学史上的一个伟大创见。

纵观汉字的发展史，我们会发现从最古老的甲骨文开始，先民"始造书契"，后历经演变，汉字渐成体系。也就是说，是先有汉字，后有"六书"。时至殷商时期，汉字已经发展得相当完备，那时还未有关于"六书"的记载。到了周朝，为配合政治上维护宗周统治的分封制，周公旦全面革新了人们的意识形态，将上古至殷商的礼乐进行了大规模的整理、改造，创建了一整套具体可操作的礼乐制度，包括饮食、起居、祭祀、丧葬……社会生活的方方面面，都纳入"礼"的范畴，终成《周礼》。在《周礼》当中，"六书"只是作为小学的教学科目之一，指的是关于汉字的几个方面的知识。然而，当有了"六书"这套系统以后，人们再造新字时，都以这套系统为依据了。

饮水思源，方知源远流长；见字寻祖，更晓精神来处。从这个意义上讲，汉字是我们的精神之源。

汉字作为世界上最古老的文字之一，它深深地根植在历史的长河里。在演化过程中，汉字的每次细微变动都足以掀起滔滔风潮。就拿汉字的偏旁来说，"扌""氵""心"等都是我们所常见的。今天的我们，每每说起"扌"就说和手有关，"氵"和水有关，"心"和心有关。其实，我们看到的只不过是汉字经千年演化之后的最终结果而已。现以"氵"为例，简略梳理一下"氵"的演化过程。

字源演变

甲骨文	金文	楚系简帛	说文	秦系简牍	楷书

甲骨文时期的"水"似水流之形，曲折蜿蜒，极具动态之美，和水之形态非常相似。《说文解字》中对其解释为："水，准也。北方之行。象众水并流。"本义为河流。后世借水滴之形，取水流动之意，集众贤智慧，经反复演变，固定成型为"氵"，沿用至今。凡是从水取义的字皆与河流等义相关，如自然界的江、河、湖、海，和人体有关的泪、汗、泌、泣，和人类生活有关的汤、漏、沏、洗，借水之形态的涟、漪、澹、波，以水为喻的汹、溃、溢、满……可以说，从"水"的原初之义，引申出那么多的意思，"氵"作为形旁与千百个形旁一起，使汉字成为集形象、声音和辞义于一体的古老而年轻的文字。汉字成了炎黄子孙的一种符号，一种象征，更是民族灵魂的纽带。

当我们面对一个个汉字的时候，那一横一竖常常令人着迷。长横宛如大江奔流，横贯西东；短横好似飞燕腾空，掠云展翅。长长的一竖好似北疆的青松，临风而立，岿然不动；轻轻的一撇翩然若虹，如春柳拂风，身姿娉婷。

朗声而读，一个个汉字犹如被赋予新的生命一般，在你的喉管蹦蹦跳跳，在你的舌尖滔滔滚滚。一个个方块字就是一个个精灵，它们带着或泼辣或温婉或铿锵或舒缓的性情向你走来，让你或读或唱或吟或诵或啸，高高低低，错落有致，在抑扬顿挫之间，你早已陶然忘我矣。"蒹葭苍苍，白露为霜"，巧妙的叠词平添情味；"天地玄黄，宇宙洪荒。日月盈仄，辰宿列张"，唯美的韵律激荡豪情；"君不见黄河之水天上来"，灌注在句子里的奔腾的气势充塞天地。捧读文章，就是与先贤隔空对话，和智者促膝交谈，须臾之间跨越千载，倏忽一瞬洞察心魂。

如果你回到了声韵格律的时代，定能体会到"君子有三乐。读书声出金石，飘飘意远，一乐也！（曾国藩语）"的真谛！在平声的低长中延展开去，在仄声的短促里突出强调，"双声隔字而每舛，叠韵离句而必睽"（南朝梁刘勰《文心雕龙·声律》），在曼声长吟中走进屈原的内心深处，在扶剑长啸中品味阮籍的狂放。这就是声音里的乾坤，古人深谙此道，清代桐城派的方苞在《与陈硕甫书》中如是说："诗、古文，各要从声音证入，不知声音，总为门外汉耳。"声音的抑与扬、顿与挫、长与短、起与伏、高与低、停与连里藏着无穷无尽的奥妙。

汉字不仅具有声韵之美，还具有意境之美。现代语文教育家夏丏尊先生不无感慨地说："在语感敏锐的人心里，'赤'不但只解作红色，'夜'也不但只解作昼的反对吧。'田园'不但只解作种菜的地方，'春雨'不但只解作春天的雨吧。见到'新绿'二字，就会感到希望焕然的造化之工、少年的气概等说不尽的情趣。见到'落叶'二字，就会感到无常、寂寥等说不尽的诗味来吧。真的生活在此，真的文学也在此。"这不仅是因为汉字始于书契，依类象形，具有图画的DNA，更源于历代文化的沉淀。

吴越王钱镠乃性情中人，其夫人吴氏每年寒食节必归临安。钱镠思念夫人，希望她早点回来，可是又不便催促。有一天，钱镠在杭州料理政事，走出宫门却见凤凰山脚下的西湖堤岸已是桃红柳绿，万紫千红，想到与吴氏夫人已是多日不见，思念愈重。回到宫中，便提笔写上一封书信，虽则寥寥数语，但却情真意切，细腻入微，其中有这么一句："陌上花开，可缓缓归矣。"

九个字，平实温馨，情愫尤重，让吴妃当即落下两行珠泪。此事传开去，一时成为佳话并流传至今。清代学者王士祯曾如此评价："'陌上花开，可缓缓归矣'，二语艳称千古。"寥寥几字，却姿致无限，原因何在？无疑是汉字的意境之美。每个汉字独具一格，连词成句又串句为篇，意境全出，加之我们是在汉字的浸淫之下成长起来的，所以，由文字而画面皆率性而出，自然而然，往往流连其间，欣然忘归。

正因为这样，汉字赢得了无数赞誉，汪竹柏先生在《赞汉字》中深情歌咏：

> 中华汉字，生动形象。
>
> 传播文明，盖世无双。
>
> 连缀成句，顿挫抑扬。
>
> 书法字体，各具特长。
>
> 篆书隶书，古色古香。
>
> 行书流畅，正楷端庄。
>
> 狂草奔放，凤舞龙翔。

对联形式，汉字独创。

左右工整，能简能详。

既便言志，又供观赏。

一个字就是一幅画、一境界，在全世界或许只有汉字才能做到。

这一声声赞誉，不仅仅是因为汉字集形、音、意于一身，更是因为汉字历经演变和考验，古老悠久却生机无限，她早已和我们每一个炎黄子孙紧密相连——"汉字是中国文化之根，汉字是国家统一之本，汉字是国人立命之神。"

中华民族传统文化是我们的根，我们的魂。古老的方块字承载着千年的风韵凌空而来，那一横一竖无不是历史的见证，那一撇一捺无不是时光的刻度。它把图画、声音、节奏、韵律、意境……熔于一炉，千载冶炼，千载沉淀，千载熏习，横亘在时空里，和每一个炎黄子孙的心灵相遇，成为我们的灵魂坐标。这个坐标的名字就叫文化。

师者，从中华文化里来，担传承文化之任，在课堂里和每一个孩子相遇，在文化里和每一颗心相遇。

第二章 思　索

——小学文言文教学的现状和应对策略

第一节　教学主张

课堂因情的浸润而暖意融融，教学因趣的灌注而生机勃勃。情趣交织，相映生辉，师生共美，相得益彰。

万物因情肇始。每一颗种子都在做着开花的梦，当第一缕春风吹拂大地的时候，它就自然而然地醒了，这是种子对梦想的热爱。每一个人都在做着成长的梦，当每一颗被爱的心相遇的时候，它就迈开了追梦的脚步，这是人类对生活的热爱。所以，诺贝尔满含深情地说："生命生命，那是自然给人类去雕琢的宝石。"

教师作为社会群体中的一员，怀揣梦想，修身养德，"学高为师，身正为范"，满怀热情踏上三尺讲台，一腔热血甘洒春秋冬夏。学生作为正在成长中的生命个体，带着对未来的无限憧憬步入校园，如春之苗，渴望阳光照耀，期待雨露滋润，每一个日子都是亮闪闪的，每一个心愿都是金灿灿的。当学生捧起书本的那一刻，教师和学生便开启了最华美的生命相遇。著名思想家罗曼·罗兰曾经说过："生命是一张弓，那弓弦是梦想。"是的，从师生相遇之时开始，不论是教师还是学生的生命都像极了一张拉满了的弓，教师因梦想而执着奉献，学生因梦想而期望成长，梦与梦彼此辉映，心与心相互联通，照亮了前行的路。

可是，我们却无奈地发现，前行的路并不是一条笔直的康庄大道，它曲曲折折，它坎坎坷坷，甚至有点晦暗不明，险象环生。此种现象不禁引人深思，究竟是什么将当初的美好笼罩了阴霾？是日复一日、年复一年的时光消磨了师者的热情吗？是了无生趣的课堂、不管不顾的填鸭阻挡了学生的脚步吗？尤其是学生面对文言文的时候，那句不知起于何时的"一怕文言文，二怕周树人"的魔咒似乎阴魂不散一般，叫人谈文言而色变。

困惑的产生来自于课堂，问题的解决之道同样来自于课堂。在经过了反复的摸索和实践之后，我发现唯有教师发之于情、导之以趣的课堂才是学生喜欢的课堂，他们乐在其中，在趣中学，在学中乐，在乐中获，亦学亦玩，亦玩亦学，不知何者为玩，何者为学。"有情有趣"当是破解课堂沉闷、学生消极、教学高耗的一剂良药。

加拿大阿尔伯塔大学教授、著名"现象学教育学"开创者马克斯·范梅南在《教学机智：教育智慧的意蕴》一书当中深情地说："教育学就是迷恋他人成长的学问。"作为教师，我们不仅迷恋学生的成长，乃至于我们所做的一切都是服务于学生的成长的。正所谓"知己知彼，百战不殆"，那就让我们回到学生身边，回到课堂深处，作一番本色的游历。

学生是课堂的主体，如果学生处于被动甚至不动的地位，那么，任你教师使出十八般武艺也必是无济于事。所以，关注学生，了解学生，回到学生，势所必然。

学生是纯真的。任何一个生命在脱离母腹之时都是无瑕的。它保持着原始的求生本能，在吮吸中获取能量，在抚摸中感受世界，那双眼睛里盛满了天真与无邪。对儿童的研究，不论古今中外，概莫能外。明代学者王阳明说："大抵童子之情，乐喜游而惮拘检，如草木之始萌芽，舒畅之则条达，摧挠之则衰痿。"每一个孩童，天性都是舒展的，张扬的，乐于"喜游"而忧于"拘检"。顺应了天性，他们就抽枝展叶，迎着春风欢笑，如果被阻扰被压制，他们将"衰痿"不堪，意气消沉，耷拉着脑袋，蔫蔫然如干枯之苗。这样的现象不仅我们在研究，国外也是一样。18世纪英国最伟大的古典主义诗人亚历山大·蒲柏就曾说："智慧属于成人，单纯属于儿童。"

在实际的教学工作中，我们发现儿童虽然单纯，可是绝不简单，相反的，因为他们是正在成长中的生命个体，每时每刻都处于不断地发展和变化当中，有时甚至是"羚羊挂角，无迹可求"，这不仅增加了师者的研究难度，更增强了师者的研究兴趣。

一、在游戏中看见儿童

游戏是人和其他动物共有的，但唯有人类的游戏方具有非凡的意义。从发生学的角度来看，儿童对游戏的热爱近乎本能，是一种原始的自发的行为，是儿童与生俱来的，所以，有人说儿童天生就是游戏者。生物学家格鲁司亦坚持认为："不能仅仅认为是因为儿童的年幼，儿童才游戏，也应看到儿童是因为游戏，他才被赋予童年的生活。"

学生是属于游戏的。处于小学阶段的学生，无不热衷于游戏，那是因为游戏与儿童的年龄特点相适应。游戏里面的情节、语言、数字、动作、图画等丰富多彩的因素都在刺激着孩子的神经，产生强大的吸引力。那些在成年人看来简简单单，甚至幼稚可笑的游戏，在学生那里却是备受欢迎、百玩不厌的。在游戏当中的孩子热情高涨，积极参与其中的每一个环节，不拒绝简单，不拒绝重复，不拒绝规则。正所谓"不以规矩，不成方圆"。面对规则，儿童表现出来的那种尊重意识往往都比较强烈，否则的话，有可能被其他伙伴拒之门外。相形之下，成年人往往热衷于"灵活变通"而漠视规则。所以，德国18世纪著名诗人和哲学家席勒就用这样的话语表述游戏对于儿童的重要性："儿童在游戏中常寓有深刻的思想。"在游戏中，儿童渴望探索，求知欲强，好胜心重，越是有挑战，越是表现得勇敢。不知不觉间，学生已经被游戏征服，"在那一刻，自我、现实的一切似乎都远远地遁去了，全副身心都被当前活动占据了灵感迸发，思如泉涌。"

正因为这样，游戏被请进了教育领域。清代学者崔学古指出游戏对于儿童的作用："优而游之，使自得之，自然慧性日开，生机日活。"面对一篇篇文言文，在识字教学、朗读教学、书写指导、鼓励背诵等环节，均可创设游戏化情境，开放课堂的空间，解放孩子的天性，释放孩子的潜力。在快乐的游戏化情境中，学生超越了日常的劳苦，超越了自身的局限。此时此刻，游戏与学生犹如水与鱼一般，混溶无迹，不分彼此，游戏不再是外在的附加，而应如杜威所言："游戏不等于是儿童的外部活动。更确切地说，它是儿童精神态度的完整性和统一性的标志。它是儿童全部能力、思想、以具体化的和令人满意的形式表现的身体运动、他自己的印象和兴趣等自由运用和相互作用。"

有情有趣的文言文课堂需要引进游戏元素以丰富教学形式。可是，面对外部强加管束的壁垒森严的游戏方式，它说"不"。它遵循的是自然的、自发的、自由的兴味与状态，以促进学习者的体验与自身发展相融合。

有情有趣的文言文课堂需要融入游戏元素以激发学生兴趣。可是，面对无聊的、搞笑的、肤浅的、为游戏而游戏的教学方式，它说"不"。它坚持的是"儿童的时代应是游戏的时代"，导之无痕，教之无迹，在兴趣所使、天性所引之下的水到渠成。

有情有趣的文言文课堂需要悦纳游戏元素以发现学生。可是，面对主客失位的、喧宾夺主的、花里胡哨的游戏化教学，它说"不"。它恪守的是游戏是学生的精神享受场、自我确证场、生命拔节场。

二、在情境中确证儿童

三百多年前，捷克教育家夸美纽斯在《大教学论》中写道："一切知识都是从感官开始的。"林林总总的知识，总是以各种各样的形式进入人的视野，比如颜色、形状、声音、味道、质感等，它们刺激着人的感官，眼睛、耳朵、嘴巴、鼻子，从而刺激人的反应。在这个过程中，有的东西和受刺激的个体内部知识结构比较类似，于是，同频共振，同化顺应，反之，有的东西和个体原来的知识结构相差较大，则以"楔子"一样，楔进一个全新的领域，要么被吸收而记忆，要么遭排斥而遗忘。这个融合了记忆与遗忘的过程，我们通常称之为学习。

现在研究表明，有预定目的的、需要一定的意志努力才能达成的"有意注意"，对学习来说，并不能达到很好的效果。相对于"有意注意"而言，"无意注意"后来居上，即那种没有预定目的、不需要意志努力、不由自主地对一定事物所产生的注意，却取得了良好的学习效果。都说适合的才是最好的，"无意注意"一定是契合了学生的身心，从而让学生"不由自主地对一定事物"产生注意。达到此等效果的方式自然是多种多样，创设情境一定是其中的有效策略之一。

情境教学法的核心在于激发学生的情感。情绪心理学对此有着深入的研究：个体的情感对认知活动起着动力、强化、调节等三方面的功能。情境教学法就是要在教学过程中引起学生积极的、健康的情感体验，直接提高学生的学习积极性，使学习活动成为学生主动进行的、快乐的事情。欢快活泼的课堂氛围有利于学生消除被动，放松身心，敞开怀抱，是取得教学效果的重要条件。当学生情绪高涨、欢欣鼓舞之际，往往是知识内化和深化之时。

情智语文创始人、著名特级教师孙双金老师，善于以情动人，以情启智。在孙老师的课堂上，我们常常能看到这样的一群孩子——"小脸通红，小眼发光，小手直举，小嘴常开"。

所谓的学习，早已走下了高高的圣坛，拆除了厚厚的包装，往往是在师生的说说笑笑、打打闹闹中，学习就已经完成了。

有果必有因，有根方有叶。当我们寻觅情趣兼备的课堂之根的时候，我们无不惊喜地发现师生都处于一种情境之中，读之说之，舞之蹈之，忘乎所以。原北京师范大学教育管理学院院长顾明远先生对情境教学法推崇备至："情境教学法是利用生动的场景，唤起学生主动的学习兴趣，提高学习效率的一种教学方法。"在实际的教学过程中，我也不断尝试利用情境教学的方式，打开课堂教学的新局面。比如在执教《司马光》一课中，我是采用创设情境让学生走进"群儿戏于庭"的欢乐之中。在本书的课堂实录部分，有详细展示，在此就不剧透了。可以说是情境的创设打开了文字里的画面，引着儿童"戏于庭"；是情境的创设消解了枯燥的解释，换之以生动的画面和活泼的气息，无言之教，不教而教。

随着现代科学的进步，人们对大脑的关注越来越多，取得的科研成果也越来越多。脑科学研究表明：人的大脑分为左右两个半球，它们之间既有分工又有合作。大脑左半球掌管逻辑、理性和思维，包括言语的活动；大脑右半球负责直觉、创造力和想象力，包括情感的活动。传统教学中，无论是教师的分析讲解，还是学生的单项练习，以至机械地背诵，所调动的主要是逻辑的、无感情的大脑左半球的活动。而情境教学，往往是让学生先感受而后用语言表达，或边感受边促使内部语言的积极活动。感受时，掌管形象思维的大脑右半球兴奋；表达时，掌管抽象思维的大脑左半球兴奋。这样，大脑两半球交替兴奋、抑制或同时兴奋，协同工作，挖掘了大脑的潜在能量。

我国著名教育家李吉林老师无疑是驾驭情境教学的高手，她的一节节课例成了小学语文的经典之作。关于情境教学，她这样说道："情境教学是充分利用形象，创设典型场景，激起学生的学习情绪，把认知活动与情感活动结合起来的一种教学模式。"是的，情境教学从来不是单一的，引导学生步入情境之中的方式是多种多样的。

通过语言描述创设情境。这可以说是一种最经济最实惠的创设情境的方式之一。《论语·里仁》曰："君子欲讷于言而敏于行。"在创设情境的特殊时刻，我们老师要善于言以利于学生之行。在古代，"五方之民，言语不通，嗜欲不同。达其志，通其欲，东方曰寄，南方曰象，西方曰狄鞮，北方曰译"。"五方之民，言语不通"，迫不得已，借助翻译。在当今，普通话已家喻户晓，人与人之间沟通无碍，早已成为课堂上的通行语言。

教师通过绘声绘色的讲述，可以"进入"人物，让学生感受人物那一刻的心情，紧张着人物的紧张，激动着人物的激动，感同身受，角色置换，想其所想，念其所念，不分彼此，混合一体；可以模拟画面，让学生仿佛来到人物的那个世界，周遭的一草一木触手可及，一山一河就在身边，目之所及和人物一致无二，设身处地，如临其境，"体谓设以身处其地而察其心也"。

通过表演创设情境。喜于游戏，乐于表演，是孩子的天性。选入小学阶段的文言文，大都具有强烈的故事性，情节简单，通俗易懂，人物生动，栩栩如生。选文抓住了人物的动作、语言等细节刻画人物，比如举石砸缸的司马光、衔木石以填海的精卫鸟、囊萤夜读的车胤、机智应答的杨氏子等，无不性格鲜明，惟妙惟肖。

说起表演，我就不由自主地想到我们的国粹——京剧。在京剧艺术上，演员们可以尺水兴波，化虚为实，一根马鞭即可一骑绝尘，一杆长矛即可横扫千军，一支竹篙即可轻舟飞渡。学生在课堂上的表演，自然比不上专业的演员们。可是，学生的表演来源于课本，是文章内容的二次创造，再次加工，童真的演绎里面藏着对课文的理解，稚拙的表演穿越了亘古的时空，消弭了人与文本的距离。

通过音乐创设情境。在我国，诗、礼、乐一向是并称的，"兴于诗，立于礼，成于乐"就是对这一古老传统的注脚。近代的美学家朱光潜先生也曾说："诗与乐的性质最相近，它们都是时间艺术，与图画、雕刻只借空间见形象者不同。"音乐不仅与文学相近，更以其独特的魅力发挥着文字所不能起到的作用。试问，当恢弘磅礴的音乐回荡在教室里的时候，学生是否更能体会出《少年中国说》里的赞叹？当哀怨沉痛的音乐萦绕在学生耳畔的时候，学生是否更能体会伯牙痛失子期时的悲痛？

当代作家余华曾谈起文学与音乐之间存在的妙不可言的关联："有些人的语感和乐感都很敏锐，往往还能发现文学与音乐之间存在妙不可言的关联。音乐的叙述和文学的叙述有时候是如此的相似，它们都暗示了时间的衰老和时间的新生，暗示了空间的瞬息万变，它们都经历了段落的开始，情感的跌宕起伏，高潮的推出和结束时的回响。音乐中的强弱和渐强渐弱，如同文学中的浓淡之分；音乐中的和声，就像文学中多层次的对话和描写；音乐中的华彩段，就像文学中富丽堂皇的排比句。一句话，它们的叙述之所以合理地存在，是因为它们在流动，就像道路的存在是为了行走。不同的是，文学的道路仿佛是在地上延续，而音乐的道路更像是在空中伸展。"余华先生长长的一段话道出了文学与音乐之间的密切关系，我们语文老师正巧可以利用二者之间的关联，创设恰当的情境，多一条通达文心的道路。

除了语言描述、动作表演、音乐等创设情境的方式之外，我们还可以通过提问、多媒体、联系生活等多种方式创设情境。正所谓"条条大路通罗马"，百花齐放为情境。

有情有趣的文言文课堂是紧贴教材的。它依托文本创设情境，化情境为阶梯，吸引学生拾级而上，登堂入室；它注重课堂上的动态生成，顺势而为，借力使力，以达四两拨千斤之功效；它直指课堂教学鹄的，践行课标理念，实现教学目标，以情境为舟，渡学生登岸。

有情有趣的文言文课堂是开放包容的。"海纳百川，有容乃大"，它乐见情境创设方式的多样化，不固执己见，不故步自封，更不做井底之蛙；它不为创设情境而创设情境，不贴标签，只唯实际，拒绝生硬，对灵动敞开怀抱；它心里储满情感，眼里看着儿童，手上实施方法，扎根于课堂，服务于课堂，存在于课堂。

有情有趣的文言文课堂是尊重儿童的。它紧贴儿童的"最近发展区"，引导儿童，倾听儿童，成就儿童，情智兼顾，妙趣横生，"问渠那得清如许"，情境之中汩汩来；它以不知不觉的方式解放儿童，让儿童大胆地说起来，高兴地唱起来，美美地跳起来，快乐地身心舒展起来，无一定之规，不循规蹈矩，羚羊挂角，无迹可求；它珍惜生命的每一个当下，"人不可能踏进同一条河流"，在变动不居的时光长河中，它深爱着每一次遇见，孜孜不倦地追求着放飞儿童的情感，释放儿童的天性，珍爱儿童的生命，为儿童的生命拔节而设境，为儿童的精神升华而歌唱。

三、在兴趣中成为儿童

1978年3月16日，《人民日报》刊发了吕叔湘先生的文章《当前语文教学中两个迫切的问题》："中小学语文教学效果很差，中学毕业生语文水平低，大家都知道，但是对于少、慢、差、费的严重程度，恐怕还认识不足……这个问题是不是应该引起大家的重视？是不是应该研究如何提高语文教学的效率，用较少的时间取得较好的成绩？""十年时间，2700多课时，用来学本国语文，却是大多数不过关，岂非咄咄怪事！"

此文一出，引发轩然大波。这么多年以来，我们的语文教学一直行走在追求高效课堂的道路上，各路专家纷纷支招，各色语文纷纷问世，其目的就是为了去"少、慢、差、费"之弊，破语文教学之困。在"乱花渐欲迷人眼"的教学方式背后，其目的无非就是引起学生的注意，引发学生的兴趣。特级教师于永正更是把兴趣提到了人格的高度。他掷地有声地说："把课上得有情有趣，说到底，是由老师的综合素质决定的。不只是方法的问题、学识的问题、创造能力的问题、艺术修养的问题，也不只是观念的问题，而是人格的问题。"

"以情感人，理在其中；少些理性，多些情趣"便是于永正老师的座右铭之一，也是我的教育追求。俄国19世纪著名教育家乌申斯基说："没有兴趣的学习，被迫进行的学习，会扼杀学生掌握知识的愿望。"

兴趣为何能承担语文教学之重？我根据自己多年的摸索和实践，略窥门径。

达尔文是19世纪英国伟大的生物学家，小时候的达尔文被父亲称为"一个平庸的孩子"。可就是这个"平庸的孩子"，书写了生物学史上的传奇。他在自传中写道："就我记得在学校时期的性格来说，其中对我后来产生影响的，就是我的强烈而多样的兴趣，沉溺于自己感兴趣的东西，了解任何复杂的问题和事物。"

古今中外，像达尔文这样咬定"兴趣"不放松，最终取得了了不起成就的人数不胜数。爱因斯坦从小就痴迷于科学，对那些光怪陆离的生活现象非常感兴趣，点燃了他探究科学的热情。罗曼·罗兰自幼酷爱写作，她曾立下这样的誓言："不写作，毋宁死！"后来，果然成为一代文豪。冰心四五岁的时候，刚刚认识字，她就爱上了读书，长大后成了著名的作家。

孔子曰："知之者不如好之者，好之者不如乐之者。"

日本教育家木村久一说："天才就是对兴趣的完全入迷。"

如此种种的事例或言说，不胜枚举。有人或许提出质疑，这些只是成功者的特殊个案，没有普遍性，你这样说就是在以偏概全，混淆视听。听到这样的声音，我表示特别理解，世间的事物总是正反并存、成败相依的。成功者的经历，总是散发着光芒，被人膜拜传颂；失败者的败迹，往往黯淡无光，随风飘散。

其实，成功者也好，失败者也罢，在最初的兴趣萌发之时都是一样的光景，只是成功者以兴趣为导向，从一而终，矢志不渝，失败者任兴趣裹挟，朝三暮四，光阴虚度，今天说喜欢画画，明天说对足球感兴趣，后天则又对钢琴情有独钟……就这样，任由兴趣摆布，结果就是"雨过湿地皮"，对什么都是三分钟热度，难以有深入的了解与研究，更别谈取得伟大的发现和瞩目的成就了。

现代心理学研究表明，最初的所谓兴趣其实是一种情绪，它是飘忽不定的，这一秒喜欢这个，下一秒热衷那个，就像"六月天，娃娃脸，说变就变"。有些人善于抓住这种情绪，引之导之，把它转化为兴趣加以培养。列夫·托尔斯泰是享誉世界的大文豪。小时候的他，有一次朗读普希金的诗《致大海》。父亲听到了，点了点头，脸上满是自豪的微笑和赞扬。这愉快的瞬间永远定格在托尔斯泰的心坎儿上，陪伴着他的一生。是父亲及时发现了托尔斯泰是对文学感兴趣的小小幼苗，于是，精心呵护，不断鼓励，使幼苗不断地吸收阳光雨露，最终，成长为参天大树。

面对一颗颗纯真的童心，苏联学者西·索洛维契克曾对三千多名懒于学习的学生进行过"满怀兴趣地学习"的实验，取得了良好的效果。他说："实验本身表明，满怀兴趣的学习收到了成效，并且要继续下去。成功给人以鼓舞，给人以力量，给人以兴趣。""直到正常的学习变成习惯，实验也不再是实验了，他已经变成了一种常规。"

俗话说"牛不喝水，不能强按头"，动物尚且如此，人更是这样。契合了兴趣，就顺应了性情，激发了热情，点燃了激情，这一切都是因为兴趣符合人的成长规律。

瑞士著名儿童心理学家皮亚杰是发生认识论的开创者，被誉为心理学史上除了弗洛伊德以外的一位"巨人"。他把儿童的成长分为四个阶段，分别是感知运算阶段（0—2岁左右）、前运算阶段（2—6、7岁）、具体运算阶段（6、7岁—11、12岁）、形式运算阶段（11、12岁及以后）。

皮亚杰研究认为，儿童的成长在各个阶段表现出不同的特质，他们通过图式、同化、顺应和平衡等方式建构属于他们自己的世界。儿童一生下来就是环境的主动探索者，他们对未知的世界永远充满着好奇，充满着向往，充满着渴望。他们总是敞开自己，将环境中的信息纳入并整合到已有的认知结构当中。在课堂上，独特的导入方式、恰当的音乐烘托、巧妙的情景创设……无一不是学生学习的催化剂，刺激着学生的身与心。学生如春之幼苗，贪婪地张开每一个毛孔，丰富着原有的认知结构，促进量的增长向质转化。基于这样的研究成果，皮亚杰不无感慨地说："所有跟智力有关的工作都要依赖于兴趣。"

随着现代化研究手段的介入，人类对儿童的研究越来越深入。在三岁左右，儿童就具备了基本掌握本民族语言的发音和语言结构的能力。在三岁左右这个语言发展的关键期，人的脑结构具有特别强的可塑性，因而，儿童的可塑性也特别强。正因为这样，不论是古代的蒙学，还是现代的小学，都特别重视启蒙教育，希望牢牢抓住小学阶段学生学习语言的最佳时期和记忆的黄金时期。

抓住关键期诚可贵，适合性情亦不可少。现代心理学研究发现，非智力因素往往在学习中起着重要作用。非智力因素包括兴趣、情感、需要、动机、意志、性格等。在小学阶段，学生处于性格发展变化时期，做事缺乏理性，随性而为，因情而变。所以，发现并激发学生的兴趣，以趣激情，以情促趣，情趣交融，定能迎来教育的春天，迎接儿童的春天。或许正因为如此，教育家斯宾塞曾这样大胆预言说："如果兴趣和热情一开始就得到发展的话，大多数人将会成为英才或天才。"

当学生的兴趣被激发，当学生的热情被点燃，师生共同相聚于课堂，我们应该遵循怎样的原则，采取怎样的策略，让课堂成为师生生命的美好相遇场呢？接下来，我们将聊一聊教学原则和教学策略。

第二节　教学原则

以趣先导，尊重儿童。"转轴拨弦三两声，未成曲调先有情。"这是白居易对琵琶女弄琴的描写，似先声夺人，如大幕将启。一节好课，在课前暖场之时，趣味先行，融趣于事，融趣于景，融趣于理，将趣味悄无声息地嵌入课堂，紧贴学生的心，激发学生的情，情趣交融，浑然无迹。这样就将师生共同置于一个场域之内，如定盘星一般，定下课堂的基调，定下课堂的走向。

善模仿、乐游戏、喜探究、重情趣、凭直觉、爱想象，这都是儿童的天性。如果让我给一节课设一个定语，那就是以趣先导，尊重儿童。

以读为主，尊重文本。美国哲学家乔姆斯基说："很难令人相信，一个生来对语言基本性质毫无所知的机体可以学会语言的结构。儿童天生有一种学习语言的能力，可以称之为语言习得机制。这种机制是人脑由遗传得来的，是人脑具有的理解和创造句子的机制。此机制使人区别于动物，是一种物种属性。""儿童天生有一种学习语言的能力"，加之孩子学习的是母语。对于母语的学习，这种优势是得天独厚的，学习的机会无处不在，学习的资源无时不有。

如果你问我，在40分钟的课堂上，我们该如何学习文言呢？我的回答只有一个字——读。特级教师于永正告诉我们："声情并茂地朗读会使学生借助听觉形象进入文章的意境，给学生一种美的享受，从而使他们产生学习、探究的兴趣。"是的，"读"就是一把钥匙，悄悄打开文本的大门：在读中，学生走近了文本，正音、疏通语句、把握停顿；在读中，学生走进了文本，知晓故事内容、懂得其中道理、体味言简义丰。入选小学阶段的14篇文言文，大都篇幅短小，情节简单，多以故事为主，或为展现人物鲜活的性格，或为讲述发人深省的道理，除个别字词外，语言理解起来难度不大。面对这样的情况，教师以读贯穿，既可以以读代讲，避免串讲串问，弄得文本支离破碎，又可以采用多样朗读的方式，个别读、集体读、对抗读、表演读，创设情境读、回环复沓读，读出满口文字香，读出一片新天地。

滴水穿石，功在不舍。就这样，学生离朗读越来越近，朗读带给学生的体验越来越多。面对一篇篇情质兼美的文言，学生就会自然而然地、不由自主地开启读的模式。需要注意的是，学生不是传声筒，不是复印机，学生的读是对作品进行的再创造，不仅把自己带入作品，也把处于朗读场域之内的人都带入作品。学生的读，不是机械地操练，不是小和尚念经——有口无心，而是基于老师的引导和自身探究的脚步，循序渐进，由浅入深，有目标、有层次、有方法。这正应了朱熹的话："读书之法，在循序而渐进，熟读而精思。"

从一定意义上说，读是推敲，学生个性各异，其生活环境、情感体验、思维水平、性格兴趣等方面都存在差异，教师鼓励学生朗读，就是鼓励学生用自己的方式打开文本的大门。读是还原，不仅还原文本的本来面目，而且带着学生渐入佳境，"设身处地，激昂处还他个激昂，委婉处还他个委婉……美读得法，作者胸有境，入境始于亲"。读是保护，不仅保护学生富有个性和创造性的理解与朗读，而且也保护了文本的完型存在，保护了语言，因为"语言是人类文化的载体和重要组成部分；每种语言都能表达出使用者所在民族的世界观、思维方式、社会特性以及文化、历史等，都是人类珍贵的无形遗产"。

鼓励背诵，尊重语言。北宋史学家司马迁曾叮嘱后学："读重要之书，不可不背诵。"

近代诗人汪国真也对背诵赞赏有加："少年时代，人的记忆力特别好，能够在这个时期多背诵一些文学中的精华，不仅对当时有益，对未来也是很有益处的。"遍览古今，依靠背诵打下坚实功底，成就一番事业的大有人在。比如，国学大师章太炎讲，"自己所读之书，百分之九十五都能背诵"，还有顾炎武背《资治通鉴》，苏步青背《左传》，鲁迅背《纲鉴》，矛盾背《红楼梦》，巴金背《古文观止》……正是因为这些大师"有几百篇文章烂熟于心，就好比打仗有千军万马在身旁，召之即来，呼之欲出"，所以，其可无师自通，底蕴丰厚，妙笔生花，成就鸿篇巨制。

在小学阶段，面对一篇篇文言，不宜进行过度分析，而应紧紧抓住小学生记忆力强的特点，鼓励学生熟读成诵，不求甚解，甚至囫囵吞枣，做一些扎扎实实的播种工作。我们有足够的理由相信，今天播下的种子，经过酝酿发酵，来日一定郁郁葱葱，蔚然成风。

"胸藏万汇凭吞吐，笔力千钧任翕张。"这是背诵对郭沫若先生的馈赠。背诵是学生形成语言能力的关键，对提高学生的理解力、记忆力、表达力都有着非常重要的提升作用。朱自清先生说："学习文学而懒于记诵是不成的，特别是诗。一个高中文科的学生，与其囫囵吞枣或走马观花地读十部诗集，不如仔仔细细地背诵三百首诗。"所以，鼓励背诵，储备种子，奠基语言学习工程。

多元渗透，尊重文化。何为渗透？词典给出的标准答案是"指某种事物或势力逐渐进入其他方面，也指水分子会经由扩散方式通过细胞膜"。学习上的渗透更像是水分子通过细胞膜扩散到其他物质上的过程。

从单元目标来看，选入教材的14篇文言文，都是在单元主题的统领之下的。从文化角度来看，每一篇文言文折射出来的东西往往是多种多元的，"仁者见之谓之仁，智者见之谓之智"，不仅如此，学生面对同一篇文言文的反应也往往是多种多样的。以部编版四年级上册《王戎不取道旁李》为例，带给我们的感受就是多元的。

王戎七岁，尝与诸小儿游。看道边李树多子折枝，诸儿竞走取之，唯戎不动。人问之，答曰："树在道边而多子，此必苦李。"取之，信然。

简短的一则文言里，我们既可以了解故事情节，也可以感受人物形象；既可以在平静的讲述中感受情节的起伏，也可以在斩钉截铁的回答里体味内心的坚定；既可以思考"诸儿竞走取之"的率真，也可以思索"唯戎不动"的机智；既可以……正所谓"一千个读者心中有一千个哈姆雷特"。

《易经·贲卦》最早对"文化"一词作出解释："刚柔交错，天文也；文明以止，人文也。观乎天文以察时变，观乎人文以化天下。"文化的内涵如此厚重，非本书所能够阐释。只是我们为人师者面对一篇篇文言文，需有文化的视野和胸襟，不固守一隅，不安于一时，向着继往开来的方向而努力，帮助学生多储备、多熏陶、多滋养，播种于沃野，收获于未来。

著名学者李二和先生在《舟船的起源》一书中阐述了对"文化"的理解："文化是一切生命文明行为的代称，大自然是人类文化的根本导师和启蒙者……文化本不属人类所独有，我们更应该以更开放和更宽容的态度解读文化。文化是生命衍生的所谓具有人文意味的现象，它是与生俱来的。许多生命的言语或行为都有着先天的文化属性，我们也许以示高贵而只愿意称它为本能。"在开放和包容中，我们的课堂作为古今相会的一个时空点，我们的老师作为古今文化的承继者之一，在时间之流中让远古与现代对接，在流转不息中让属于华夏族群的智慧与文化传承下去，真所谓功在当今之课堂，利在千秋之未来。

第三节　教学策略

如果说教学原则是一把尺子，为情趣文言课堂教学保驾护航，去非情趣文言教学之弊，那么，教学策略则是一把梯子，为情趣文言课堂教学导引方向，走上情趣文言教学之路。那么，这条路该如何走才能让师生共同流连于情趣文言课堂呢？这不禁让我想到了登山。

我们都想领略"会当凌绝顶，一览众山小"的境界，身临绝顶，揽一缕清风，采一团云絮，俯视群山，笑傲众小，岂不快哉！那就让我们从山脚开始吧，穿上登山鞋、手持登山杖、做个登山人。山脚似乎总是平淡无奇的，一花一草，一木一石，普普通通，和日常所见没什么两样。可正是这普普通通在告诉我们山是扎根于大地的，正所谓山高千仞，其基于地。大地是万物之母，山亦孕育其中。如果你要问山不同于湖海原野的地方在哪里，我的回答就是那条山路。山路，只见起点，不见终级，起于大地，直达苍穹。不管你是否去登山，山路就在那里，拨弄着你的心绪，放翁曾言"困厄身垂老，登临意未平"，可见一斑。

上课好比登山，起于平处，读准字音，扎实根基。在面对文言文的时候，尤其要细心。拿起笔，圈点勾画，捧起书，开口朗读。"比一比，谁的眼睛亮晶晶"，学生在比拼的情境中，抓住难读的字，试着读准字音。"开火车轮流读"，教师相机指导句读，疏通句子，然后回归整篇课文，再好好地读一读。

　　一次朗读就好比登上一级台阶，在这一级台阶上站稳了，再迈步登上更高一级的台阶。学生每朗读一次就有一次的目的和作用，逐渐拉近和文本之间的距离，老老实实地读，拒绝花里胡哨，摒弃花拳绣腿。登山也是如此，每前进一步就有一步的风景，看似没什么变化，实质是量变无声地向质变转化，慢慢走近云山，稳稳当当。登山不是百米冲刺，而是稳扎稳打，步步为营。开课之时的朗读，不是求速度的花架子，而是落点明确、指向清晰。有板有眼稳步行，夯实根基自风景。

　　循山路而上，位置慢慢升高，视野逐渐开阔，或许是专注于登山的缘故，你会惊讶于不知何时越过了房顶，高过了树梢，平日里看不见的那片湖已露出一角。回到我们的课堂，学生用不同的方式读起来了，读着读着，竟然通了顺了；读着读着，居然懂了明了。借助注释，又和同桌彼此交流，咦，对文本的内容了解得更多了。

　　一切似乎在不紧不慢中到来，在不知不觉中改变。走在登山路上的你，没有刻意地做什么，风景自然而然地向你走了过来。身在课堂的你，只是带着学生读，用的是课本上现成的资源，带来的却是惊喜连连。慢慢地，文字被激活了，标点被激活了，学生在心里勾勒着人物的性格轮廓……有滋有味仔细读，会心之处不在多。

　　课在行进，思维的触角向文本深处延伸。画一画情节线，故事的来龙去脉呈现在了眼前；抓住了动作和语言，人物的性格特点浮现在了脑海。学生画着，读着，思考着，或许读出了自己的发现，就像老师发现了文本的缝隙一样，打开缺口，走进了文本的深处，师生都在为彼此的惊天发现而欢呼雀跃。用我口抒我情，用朗读现画面，有声有色，"声"临其境，正所谓"登山则情满于山，观海则意溢于海。"

　　唐寅《登山》诗云："一上一上又一上，一上直到高山上。"处于高山上的你，眼界大开，那面湖已经完全暴露在你的眼前，碧波漾漾荡白云，宛若天鉴向阳开，如此之美如画图，如此惊奇若初见。带着心底涌起的豪情，你还会看到群山连绵，延伸到无穷的远方，郁郁葱葱的碧色，似乎永远没有尽头。"为寻真面到庐山，漫似坡仙与谪仙。天下纷纷竞智巧，不知何处觅秋天。"与云为伴，和天相约，荡涤凡尘，明心见性。一种新的欲望在你的心底升腾，一种新的力量促使你迈步前行，因为山顶就在前方……

林语堂先生说："作家的笔正如鞋匠的锥，越用越锐利，到后来竟可以尖如缝衣之针。但他的观念的范围则必日渐广博，犹如一个人的登山观景，爬得越高，所望见者越远。"现在，你的攀登带着浓浓的理想色彩，为了体味"举头红日白云低，四海五湖皆一望"的胜景，你坚定地抬腿前行，哪怕腿重如铅、汗如雨下。山势渐陡，你意志愈坚，山风夹杂着云气扑面而来，近了，近了，山峰就在不远处静静地等待着你。你屏住呼吸，沿着起起伏伏的山脊做着最后的跋涉。三步，两步，一步，你终于登上绝顶，山登绝顶我为峰，万千豪情自在心！"九江秀色可揽结，吾将此地巢云松"，你正与诗仙太白隔空对语。

在经历了有板有眼读准字音、有滋有味读好句子、有声有色读出画面的铺垫和酝酿之后，课堂亦循着知与情的路径，努力向深处延伸——文化。每篇课文都不是孤立的，代表的是那时那地那人的思考，是时代的缩影，是历史的留痕，就像每座山一样，属于山脉，融于众山。徐干所言道出了古今学者的心声："学者如登山焉，动而益高，如寤寐焉，久而益足。" 课堂上，一群痴人正在以文本为基点，以文字为经，以思考为纬，以朗读为手段，在脑海中构筑画面，在文化深处钩沉，有本有源，涵咏文化，于无涯的时空旷野中遇见每一个高贵的灵魂，于浩瀚的历史长河里邂逅每一个文化的因子。"近空无世界，当楚见波涛"，恰似凌绝顶，风景与众殊。

"志犹学海，业比登山。"循着山路，不懈登攀，终于得见人所未见。情趣文言课堂亦是循着孩子的天性，顺着教学的规律，层层攀爬，环环相扣，最终达成了教学目标。纵观情趣文言课堂，有板有眼读准字音是情趣教学的根基，有滋有味读好句子是情趣教学的进阶，有声有色读出画面是情趣教学的高潮，有本有源涵咏文化是情趣教学的旨归。各个环节之间既相对独立，落实各阶段的目标和任务，又彼此承递，为下一阶段的目标和任务做好铺垫，使整节课作为一种完型而存在。

在课的行进过程中，有"闻说鸡鸣见日升"的激趣，有"停车坐爱枫林晚"的驻足，有"脱巾挂石壁，露顶洒松风"的洒脱，有"只'爱'身在此山中"的陶然忘我。教师的眼睛应是向下的，下沉到每一个字词句，下沉到学生的同与异，而教师的大脑是向上的，上溯万年亘古演化，上溯天地之大美，上溯千年文化长河，视通万里，思接千载，立于课堂之一瞬，汇于万千之一心。

第三章 实 践

——情趣观照下的文言文教学实施

24 司马光[1]

群儿戏于庭[2]，一儿登瓮[3]，足跌没水中。众皆[4]弃去，光[5]持石击瓮破之，水迸[6]，儿得活。

注释

① 本文选自《宋史·司马光传》。
② 〔庭〕庭院。
③ 〔瓮〕口小肚大的陶器。
④ 〔皆〕全，都。
⑤ 〔光〕指司马光。
⑥ 〔迸〕涌出。

司 跌 皆 弃 持

司	庭	登	跌	众	弃	持

① 跟着老师朗读课文，注意词句间的停顿。背诵课文。

② 借助注释，用自己的话讲一讲这个故事。

③ 这篇课文的语言和其他课文有什么不同？和同学交流。

《司马光》教材解读

与君初相识，犹如故人归

众所周知，统编本教材大幅增加了古诗文的数量，足见国家层面对传统文化的重视程度。在这样的背景下，14篇文言文星罗棋布般分散在小学阶段的各册语文教材之中。

《司马光》就是小学段的第一篇文言文，位于三年级上册第八单元第24课。整个小学阶段的第一篇文言文究竟选哪一篇，我冒昧地揣测应该是千挑万选的，那么《司马光》何以能够力排众议、拔得头筹呢？原因有二：

1. 文本内容熟悉

司马光砸缸的故事可谓家喻户晓，选择这个故事能有效地降低理解难读，加之文本本身非常短，能大大地消除学生的畏难情绪，这对于初次接触文言文的学生而言是极其重要的。

2. 文章是写人的

在第一学段的学习中，学生"认识"了大量的人物：《曹冲称象》中聪明的曹冲，《玲玲的画》中遇事着急的玲玲，《大禹治水》中尽职尽责的大禹，《朱德的扁担》中的身先士卒的朱德，《羿射九日》中为民除害的后羿……一人一事一性格的写人类文章范式，既让学生倍感亲切，又易于理解，消解对于文言的陌生感。

《司马光》因其独特的位置优势享受殊荣的同时，必定也要承担着独特的责任：如何让学生对文言文感兴趣？为学生今后学习文言文做哪些方面的铺垫？渗透哪些文言文的知识，又如何渗透？如何逐步储备文言的语感……这一系列问题的解决都交给了《司马光》，真有不可承受生命之重的感觉。此刻，我不禁在想：学生对文言文的了解真的是一张白纸吗？实际上，并不是。不信？请看：

有志不在年高。

——《传家宝》

志当存高远。

——《诫外生书》

有志者事竟成。

——《后汉书》

这是二年级（上）第六单元的"日积月累"，其实，翻开第一学段的教材，以文言的形式呈现的"日积月累"还有很多，另外，以简短而凝练的韵文形式出现的儿歌与童谣，语文园地里的"读一读 记一记"等都暗含着文言的因子。这些散见于教材里的文言因子，都对学生学习文言文做好了一定程度的铺垫，于是，就迎来了《司马光》。

细细端详《司马光》，我禁不住赞叹：真短！真巧！真味！

真短！篇幅短，全文只有两句话，30个字。句子短，多是短句，最长的句子——"光持石击瓮破之"，这只有七个字而已。如此短的句子，学生断句方便，易于朗读。

真巧！如果说《司马光》的"短"是视觉冲击的话，那么，它的"巧"就是心里的触动。读这篇文章，大有移步换景之感，而且一步一景。全文用五个逗号和两个句号断开的短句，一句一情节，一句一幅画，戏于庭—登上瓮—跌入水—众弃去—光击瓮—水进流—儿得活。七幅画面，起起伏伏，扣人心弦，故事感扑面而来，就像书法艺术——"尺幅之内，千里之外"。

真味！古人云："松声、涧声、琴声、鹤声……皆声之至清者，而读书声为最。"学习文言文是离不开朗读的，学生在教师的引领之下，用高低、强弱、长短、缓急的语调，读出味道，用朗读再现文本中一幅幅生动的画面，不仅增进文章理解，提高对语言的感受能力，而且如临其境，体味文言之美。

喜爱游戏是孩子的天性，在读出味的基础上利用表演，不但把文章中的喜怒哀乐融入声音里去，还写在脸上，流露在眼睛里，对文学作品进行再创作。在表演中再现故事情节之后，主人公的音容笑貌栩栩如生，性格特点呼之欲出，老师就能带领学生品出味，品出主人公的特点，品出文言的魅力。

苏联教育家巴班斯基曾说："有的教师上课非常努力，但达不到应有的效果。而另一些教师好像并没有特别努力，但得到了预期的效果。这是因为后者的教学和教育活动都符合学生心理，很协调，一切活动都考虑学生的长处和短处，考虑到他们的兴趣。"

《司马光》一课的教材解读和教学设想，正是基于学生的兴趣，以读贯穿，以游戏点染，在读出味、演出味、品出味的过程中，落实语文要素，顺利达成教学目标。

小荷才露尖尖角，早有蜻蜓立上头

——统编版教材三年级（上）第24课《司马光》教学实录与评析

点评：黄小颂　东莞市小学语文教研员

单位：东莞市教育局教研室

【教学目标】

1.认识"司、跌"等五个生字，会写"司、庭"等七个字；

2.多种方式朗读课文，感受词句间的停顿并背诵课文；

3.学习利用注释和插图等方法，帮助学生读懂课文；

4.初步感受文言文的特点。

【教学过程】

第一版块　书声琅琅读出味

师：上课的铃声一响，大家就坐得端端正正，真是了不起啊！看到大家有这么好的学习习惯，老师奖励给给大家一个故事，好不好？

生齐答：好！

（点评：面对一个个可爱的孩子，老师以奖励的方式呈现故事，恰到好处。因为故事对孩子有着天然的吸引力，加之老师所讲的故事正是《司马光》，可谓一箭双雕，匠心独具，不仅激发了兴趣，而且打开了新课，就像在茶中注入沸水，一壶好茶正在酝酿。）

师：这个故事的名字就叫《司马光》。（板书：司马光）

师：我们一起喊出他的名字——司马光。

（学生齐读）

师："司"虽然是生字，但是，我们读得特别准。精彩的故事开始了：群儿戏于庭，一儿登瓮，足跌没水中。众皆弃去，光持石击瓮破之，水进，儿得活。

（听故事的时候，有的孩子一脸困惑，有的孩子兴奋不已）

师：老师看到你感到茫然的样子，是什么原因呢？

生：有的地方我不明白是什么意思。

师：不着急，不明白也是正常的。（面向兴奋的孩子）你听了故事，为啥喜气洋洋的？

生：这就是《司马光砸缸》的故事，我早就听过了。

（点评：学情是教学的起点。老师敢于面对真实的学情，并善于"察言观色"，体现出老师课前认真扎实的备课，既备文本，抓住生字"司"，更备学生，一句"不着急，不明白也是正常的"拉近了文本、老师和学生之间的距离。"看似寻常最奇崛，成如容易却艰辛"，扎实地落实目标，用心地大胆预设，用敏锐的教学机智"智造"预期的精彩。）

师：这个故事，老师相信很多同学都听过，大家说是不是？

（学生齐声回答：是）

师：谁来给我们讲讲现代版的《司马光砸缸》的故事？咱们每一个人都认认真真听一听，他讲的故事和老师讲的哪里不一样。

（一生走到讲台来讲故事）

师：他的话音刚落，你就举手了，你发现了哪里不一样？

生：老师的故事短，同学讲的故事长。

师：你听得好认真。

生：老师说的话和同学说的话，听起来不一样。

师：好一个听起来不一样啊！你的感觉特别敏锐。这个"不一样"就是因为他说的是现在的话，老师讲故事用的是古代的话，它的名字叫文言（板书：文言），用文言写的文章就叫文言文（板书：文）。我们一起来和这位古代的朋友打打招呼吧!

(学生齐读:文言文)

(点评:采用怎样的方式,让学生第一次知道"文言文",让"文言文"的第一次亮相能给学生留下好印象?相信这是很多老师执教《司马光》这一课时面临的问题。丁老师的办法是借助比较,自然引出。比较是直截的教学手段,它诉诸于学生的眼睛、耳朵等,相信学生的直觉。当我们相信学生的时候,学生是不会让我们失望的,那敏锐的直觉就是打开神秘之门最好的钥匙。)

师:打了招呼,大家就是朋友,朋友之间,你要了解我,我也要了解你。现在,我们的新朋友要做一个自我介绍。请看,它来了!

(学生观看文言文介绍微课:小朋友们好,我叫文言文。我从古代就已经存在了,距离现在已经有两三千年。那时候,纸和笔还没有被发明出来,人们就把我刻在竹条或者木板上,刻起来可费劲了。为了节省力气,人们把我压缩,再压缩,所以,我就比较简短了。虽然我来自古代,但是,我在现在的生活中随处可见哦。我藏在成语中:自相矛盾、守株待兔、叶公好龙;我藏在格言里:志当存高远,有志者事竟成。随着你对我的了解,或许,你就会发现我无处不在呢!小朋友们,听了我的自我介绍,你一定会喜欢我吧!要想多多地了解我,那就捧起书大声地朗读我吧!)

(点评:多么可爱的学习伙伴!一改文言文的刻板印象,换之以活泼可爱的模样,人见人爱!当古老的文言遇见现代的技术,彼此依托,相映生辉。)

师:朗读是打开文言文之门的金钥匙,请大家和老师一起读,特别注意句子的停顿。

（学生跟着老师朗读课文）

师：请自己好好练读，注意注音的生字，感觉难读的地方，要停下来多读几遍。

（学生自由朗读课文，老师巡视）

师：大家读得很认真，我们的朋友文言文知道了，一定乐开了花。现在，老师想和大家一起轮流读课文，老师读一句，大家读一句。

师：群儿戏于庭——

生：一儿登瓮——

师：足跌没水中生：众皆弃去——

师：光持石击瓮破之——

生：水迸儿得活。

师：大家的字音读得准确，停顿恰当。现在，请同学们先读，老师接读。

（师生交换先后顺序，再次轮读课文）

师：像我们这样，认认真真地读好生字，仔仔细细地读好句子，这就是有板有眼地读。（板书：有板有眼）现在，请同桌之间就像我们刚刚那样好好朗读课文。

（同桌之间互相轮读课文）

（点评："朗读是打开文言文之门的金钥匙"，在课堂上，老师就把这把金钥匙送给了学生。在学生自由练读和师生轮读中，学生走近了文言，文言也走进了学生。不管是现代文本，还是古代文本，都离不开朗读。"书读百遍，其义自见"，是朗读代替了没完没了的串讲，是朗读规避了烦琐冗长的碎问碎答，是朗读保护了学生的兴趣和文言的完型。有板有眼，踏踏实实，实中见效，平中有奇，犹如沸水渐渐包裹茶叶，茶叶慢慢舒张，茶香悄然四溢。）

第二版块 兴致勃勃演出味

师：读着读着，你一定发现了文章里面讲述的是一个怎样的故事。

生：讲的是司马光砸缸的故事。

师：《司马光砸缸》的故事，就是你给我们讲的吧。（该生点点头）你一定非常熟悉这个故事，所以，回答得干净利落。可是，司马光不可能无缘无故地去砸缸，这个故事，有前因后果。我们依照文章的顺序来理一理吧！

（点评："小荷才露尖尖角，早有蜻蜓立上头。"课堂上，我们总会遇见一些走在前面的孩子，他们反应快、悟性高、能力强。这些"先行者"是课堂宝贵的资源，是搅动思维的加速器，是课堂的推进器。关于故事的特性就是借助课堂资源，巧妙渗透进去的。）

生：很多小孩在院子里玩。

师：一群孩子在院子里玩？（老师故意强调"院子"）你是怎么知道他们是在院子里玩的？

生：我看了注释，学古诗的时候就要看注释。（板书：看注释）

师：嗬，好办法，看注释能帮助我们读懂文言文，是学习的好帮手。

生：一个孩子爬到，爬到那个上面去了……（该生吞吞吐吐，欲言又止）

师：孩子，不着急，看看书上的注音。那个孩子爬到哪个东西的上面了？

生：瓮。

师：这个字是后鼻音，咱们一起读一读：瓮（wèng），瓮（wèng）。

（老师教读，学生跟读）瓮，是一个陶器的名字，看，这就是瓮（出示图片），我们说的时候就直接说"瓮"就可以了。（面向刚刚吞吞吐吐的孩子）请你接着说。

（点评：小学阶段的文言文情节简单，语言浅显易懂，文言文的学习主要是兴趣的激发，不能过于深挖，"不求甚解"是对原则的遵循。看注释、看图片，适当地进行了方法的渗透。）

生：一个孩子爬到瓮上去了。

师：你的学习能力真强！本来大家玩玩开开心心的，这时候，淘气鬼出现了！（学生笑）

生：那个孩子掉到水里去了。

师：看看，果不其然！平时爱捣蛋，这下要完蛋！

生：大家吓得都跑开了。

师：这是一种本能的反应。

生：司马光用石头砸缸。

师：终于要砸缸了！你怎么知道砸缸的是司马光？书上明明说的是"光持石击瓮破之"。（老师有意强调"光"）

（该生不知如何回答，有些不知所措）

师：老师告诉大家，在古代，可以用名字里的一个字，一般是最后一个字，来指代这个人。我们这位同学，虽然说不出具体的原因，但是，一眼就能发现"光"。说的就是司马光，悟性真高！正是司马光勇敢地砸缸，才让我们紧张的心情放松下来。接下来，又发生了什么？

（点评：朱熹说："读书无疑者需教有疑。"从课堂上看，学生理解得已经很不错了，是就此止步还是向前延伸？老师选择了后者。随着时代的发展，现在的学生讲起话来头头是道，可往往经不起轻轻一问。老师在课堂上，准确把握学生理解上的障碍点，借助提问引起学生注意、打开学生思路、培养学生兴趣、激发学生思维、发展学生智力，渗透文言学法，传递文言知识，看似漫不经心，实则最见功力。）

生：水流出来了，那个孩子得救了。

师：我们也可以长长地出一口气了啊。说到现在，我们就把课文的故事情节理清楚了。老师把各个情节概括了一下，制作成了这些卡片，请大家想一想给它们排排顺序。

（学生在小组内讨论，老师把卡片一一贴在黑板上：戏于庭 跌入水 光击瓮 登上瓮 众弃去 儿得活）

师：现在，我们请一位同学上来，排一排它们的顺序。

（一生走上讲台，开始排序，呈现的结果从上到下分别是：戏于庭—登上瓮—跌入水—众弃去—光击瓮—儿得活）

师：读得明白，理得清楚，为你点一个大大的赞！你能借助这些卡片，讲一讲这个故事吗？

（生借助卡片讲故事，讲得很有条理）

（点评：借助直观的卡片，给了学生一架攀爬的梯子，帮助学生梳理情节，培养无形的思维。）

师：请把热烈的掌声送给他，讲得有条有理，值得我们向他学习。故事大家会讲了，说明我们慢慢地读懂了课文，有些字的意思，老师想一定难不倒大家。"戏于庭"的"戏"是什么意思？

生：游戏。（争着回答）

师："登瓮"的"登"是什么意思？

生：登上，爬上。

师："足跌没水中"的"跌"呢？

生：跌落。

师："众皆弃去"的"弃"又是什么意思？

生：放弃，抛弃，丢弃。

师：我们一口气都抢答了四个了，"戏"是游戏，"登"是登上，"跌"是跌落，"弃"是丢弃。心明眼亮的同学们，你发现了什么秘密？

生：文言文里面的一个字，我们再解释的时候就要用两个字。

师：听你这么一说啊，就知道咱们和文言文更亲近了。正因为这样文言文的语言变得更简洁了。大家看看课文后半部分的描写司马光动作的词，是不是符合这个规律？

生：持：拿着。

生：击：击打。

师：这种理解文言文字词的方法，和我们今天的组词法差不多。现在，请听老师读，特别注意刚刚说起的那些描写动作的词语，听到那个词语的时候，你当时的心情是怎样的？

（教师范读，读出故事的跌宕起伏）

生：我很开心。

师：请你把话说完整。

生：我听到"群儿戏于庭"的时候，感觉很开心。

师：一点就通。（老师竖起大拇指夸赞该生）开心的时候，你会怎样，能不能比划比划，做做动作？

（生手舞足蹈，动作夸张，引来阵阵笑声。接下来，老师带领学生依次梳理心情：紧张、害怕、担忧、敬佩、欣喜，并做动作）

师：我们的心情随着故事情节的变化而变化，请大家把自己的心情融入朗读中去，试着以声传情。

（学生齐读课文，老师随着学生的朗读，画情节起伏线，形成如下板书）

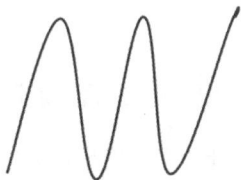

师：起起伏伏的情节，起起落落的心情，增添了课文的趣味。现在，老师朗读，请大家表演课文中的情节。

（老师朗读，学生表演，场面热闹，笑声连连）

（点评：孩子的天性"爱嬉游"而"惮拘检"，课堂是孩子展示天性的舞台。因"性"施教，点燃了孩子的热情，激活了孩子的兴趣，更读活了文字，见到了画面，这学习语文的不二法门就在阵阵笑声中"教"给了孩子。）

第三版块　言笑晏晏品出味

师：课堂上，笑声阵阵，说明大家在开心地学习，有时候课堂上需要安静，说明大家在思考自己的收获。

（教室回归安静，陆续有学生举手）

生：学文言文要多读课文。

生：书读百遍，其义自见。

师：（回答问题的恰好是一对同桌）果然是心有灵犀的同桌，都发现了朗读的重要。是啊，学习文言文，朗读不可少。边读边理解，收获可不少。

生：不理解的地方，可以看注释。

师：好办法！还有别的办法吗？

生：查字典。

生：还可以组词。

生：还可以看插图。

师：每一个办法都是一把打开文言之门的金钥匙。我们学习的既然是文言文，它和现代的文章有什么不一样？

生：文章很短。

师：是的，那是文章的篇幅短，但是，表达的意思呢？

生：很多，很丰富。

师：那就是语言简洁，含义丰富。

这就是文言的魅力。短短的课文，大家能背诵吗？咱们一起试一试吧！

（学生背诵课文）

师：《司马光》是我们学习的第一篇文言文，今后，我们和文言文会多次见面，相信文言文会成为我们的好朋友。

（点评：课堂上的笑声是文本、教师、学生最美邂逅的结晶，课堂上的安静是能力的增长、思维的生长、生命的成长的磁场。能动能静，亦动亦静，动静和谐，相生相长。师生共同创造着动与静，享受着动与静，好似茶与水相融相谐，彼此沉浸，茶香四溢。）

司马光

登上瓮　众弃去　儿得去

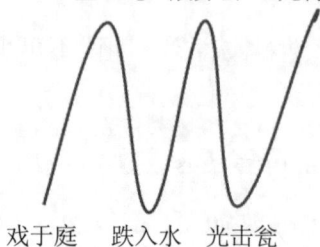

戏于庭　跌入水　光击瓮

总　评
有情有趣，打开无极之门

南朝顾野王《玉篇》载："门，人所出入也。"从门而入，方便快捷，登堂入室，前提是你得找到那扇门，先寻门再进门而后"入门"。在林林总总的教育教学原野上，丁老师找到了"情趣"这把钥匙，打开了一扇"门"。"靡不有初，鲜克有终"，相信每一个深耕教坛的人，甘愿在流徙的岁月里坚守初心，跋涉前行。

一、有情有趣，打开课堂之门

铃声响了，师生就开始上课，这是时间意义上的"物理"课堂。当师生共同朝着一个目标，享受当下的时候，真正意义上的情意课堂才算开始。丁老师在备课之时，就牢牢地抓住学情，再在课堂上讲故事、作对比，激发学生的兴趣，利用并相信学生的直觉，领着学生快快乐乐地前行。接着，师生一起关注故事情节，读之、思之、演之，孩子们乐起来、动起来、活起来，这样的课堂是教之无痕的课堂，因为它紧贴文本；是导之无迹的课堂，因为它紧贴孩子。书声笑声此起彼伏，课堂活力十足。

幸运的是，老师能在课堂上保持理性和定力，没有流于热热闹闹，而是步步有落点，层层上台阶，相机穿插渗透文言知识和学法，这是难能可贵的。正如苏霍姆林斯基所说："如果你所追求的知识是那种表面的、显而易见的刺激，那你远不能培养学生对脑力劳动的真正热爱。"

二、有情有趣，打开文言之门

马克思说："人们自己创造自己的历史，但是他们并不是随心所欲地创造，并不是在他们自己选定的条件下创造，而是在直接碰到的、既定的、从过去承继下来的条件下创造。""民惟邦本""天人合一""和而不同""天行健，君子以自强不息""大道之行也，天下为公""天下兴亡，匹夫有责""君子喻于义""君子坦荡荡""君子义以为质""言必信，行必果""人而无信，不知其可也""德不孤，必有邻"……这些宝贵的中华文化元素从何而来、蕴藏何处？毫无疑问，非文言莫属。

教材是国家意志的体现和彰显。面对部编本教材大幅增加古诗文的改变，可以想见文言文的分量。教师在执教文言文的时候，眼里不应该是孤立的一篇文言文，而应放眼整个义务教育，乃至学生的一生，因为我们今天所进行的文言教育是启蒙的教育、播下种子的教育。"兴趣是最好的老师"，让学生和文言初见之时，能够喜欢，乃至爱上文言真是莫大的功德，而实现这一目标的关键是尊重。很高兴，在课堂上，我们看到教师为此所做出的努力，认真研读，尊重文本；顺性适之，尊重学生；实事求是，尊重学情；有情有趣，尊重课堂，由此，为学生打开了一扇文言之门。

三、有情有趣，打开无极之门

情，热情、激情、感情，是人类恒久不变的情感；趣，兴趣、乐趣、志趣，是人类永远津津乐道的话题。"仁者乐山，智者乐水"，是山水以其独特的魅力吸引着"仁者""智者"，"仁者""智者"也以其特殊的性灵投入到山水的怀抱，二者之间绝不是单相思，而是相融相契，相和相映。

作为学生，我们不敢期望他们一眼就能爱上我们古老的文言宝库，但我们必须为此做出努力，因为这是师者的责任。老子在《道德经》中写道："玄之又玄，众妙之门。"所谓这"玄之又玄"，对学生而言，就是让他觉得喜欢，觉得有意思，愿意读下去。在这条路上，学生读着读着，走着走着，"众妙之门"就会自然而然地打开。

丁老师用自己的努力，笃行在朝着"众妙之门"的道路上，每一次努力都是宝贵的。鲜活的教育思想、教学理念、教学策略……都在前方等待着每一个教育追梦人去采摘。努力吧，孩子们在等着你，语文教学在等着你，中华文化在等着你。

⑤ 守株待兔①

宋人有耕者。田中有株②。兔走③触株，折颈而死。因④释⑤其耒⑥而守株，冀⑦复得兔。兔不可复得，而身为宋国笑。

注释

① 本文选自《韩非子·五蠹》。
② 〔株〕树桩。
③ 〔走〕跑。
④ 〔因〕于是。
⑤ 〔释〕放下。
⑥ 〔耒〕古代用来耕田的一种农具。
⑦ 〔冀〕希望。

宋耕释冀

守 株 待 宋 耕 触 颈 释 其

《守株待兔》教材解读

今人不见古时月，今月曾经照古人

《守株待兔》是一篇用文言写成的寓言故事。那么，何为寓言？《释文》里面如此解说："寓，寄也。以人不信己，故托之他人，十言而九见信。"把深刻的道理或者教训寄托在一个生动形象的故事里面，让读者易于接受，这就是寓言。

知晓了寓言的真意，我们先来看看这个故事。宋国的一个农夫，偶然地碰见兔子撞在了树桩上。于是，就放下农具停止劳作，希望还有兔子撞过来。结果，兔子不能再获得，却惹得他人嘲笑。

《守株待兔》是小学阶段学生学习的第二篇文言文，和第一篇文言文《司马光》一样，都是家喻户晓的故事。不同的是，《守株待兔》是寓言，重在讲述道理，《司马光》是描写人物，重在刻画人物性格；在文言文的特点方面，两篇文章都有着简洁的语言，多单音节词，但不同的是《守株待兔》出现了古今异义词。

教学的过程是一个承前启后、螺旋上升的过程，对位于三年级下册第二单元第一课的《守株待兔》的教学定位宜科学考量。文言知识的授予和寄寓道理的揭示，都要建立在读懂故事的基础之上。在《守株待兔》的故事中，宋人只做了一件事——守株待兔，"因释起末而守株，冀复得兔。"以文中的这句话为界限，句前的"宋人有耕者。田中有株。兔走触株，折颈而死"讲的就是故事的起因，句后的"兔不可复得，而身为宋国笑"讲的就是故事的结果。在这起因、经过和结果之间，宋人的性格不言自明，蕴含的道理亦水落石出——不要抱侥幸心理，靠偶然的运气是过不上好日子的。话说至此，我们对文本的解读是不是应该结束了呢？事实上，并不是。我们只是明白了文本的所指，而文本的能指部分还沉睡在深深的地下。如何从这一篇走向这一类，连点成线，触类旁通，让《守株待兔》的学习为其所在的寓言单元定下基调并为今后文言文的学习做好铺垫呢？这要从古人写作寓言的目的说起。

白居易在写给好友元稹的《与元九书》一文中说："文章合为时而著，歌诗合为事而作。"意思说是文学创作要符合时代发展的需要。我们知道寓言最早来源于民间的口头文学，到了战国时期，政治斗争日趋尖锐，社会动荡不安，诸侯争相养士，为自己出谋划策。士为了表明主张，申述己见，驳难对手，说服对方，就借助生动的故事辅助自己的阐释。于是，寓言大行其道，获得长足发展。韩非子身处其中，顺时就势，创作了大量寓言故事，凝成了《韩非子》一书，彰显法家的思想。这样的情形道出了寓言不是一种观赏性的文艺类文体，而是一种实用性很强的文章样式，学生不可习焉不察，反而应利用寓言的实用性，提升自己的语言表达能力，在实际运用中，加深对寓意的理解和对文体的认知。

说起寓言的寓意，不由得让人想起法国古典主义代表作家拉·封丹有一个形象的比喻："一个寓言可以分为身体和灵魂两部分。所述的故事好比是身体，所给予人们的教训好比是灵魂。"就这"灵魂"而言，真可谓是"仁者见之谓之仁，智者见之谓之智"，横看成岭，侧观成峰，绝不是单一的某个道理只手遮天，而是多元并存。因为每一个学生都是带着各自的预先理解走近文本的，兴趣爱好、个性特长、理解水平、生活经历等的差异，引发自己感触的点势必不同，必然导致理解的差异，哪怕是同一个感触点，理解的角度和层次也会呈现出不同的面貌。基于这样的考虑，教师要营造的就是一个安全的教育氛围，让学生自在言说，言之成理即可，更何况还是处于三年级的孩子，但是，在课堂上，也要防止学生过度发挥，漫无边际。

在教学中，我拟采用主问题贯穿的方式引导学生思考：守得住的是什么？守不住的是什么？这是一个开放性的问题，对这个问题的思考既能促进学生对文本的理解，检测学生的理解程度，更能导引思路，为从书本过渡到自身的现实做铺垫。表面上，宋人守得住的是树桩和自己的田地，守不住的是兔子；实际上，宋人守得住的是自己的双手和勤劳，脚踏实地和必然，守不住的是偶然的机遇。抓住主问题，能"提领而顿，百毛皆顺"，带领学生感受先人的哲学思辨，难怪有人说"寓言是孩子们的好朋友"。

"今人不见古时月，今月曾经照古人。"今天，"古时月"皎洁依旧，寓言亦然。

纵使晴明无雨色，入云深处亦沾衣
——统编本教材三年级（下）第5课《守株待兔》之教学实录与评析

点评：杨昊鸥 教授
单位：中山大学文学院

【教学目标】

1.认识"宋、耕"等四个生字，会写"守、株"等九个字；

2.借助拼音，正确地朗读课文并背诵课文；

3.利用注释和插图等，读懂课文，明白文中的道理。

【教学过程】

第一版块　字字句句放声读

师：同学们，我们今天学习第二单元的第一篇课文，请伸出你的右手食指和老师一起板书课题。（板书：守株待兔）

（学生伸出右手食指书空）

师：请齐读课题。

（学生齐读课题）

师："守"和"株"都是生字，大家齐读的时候，字音读得很准，现在老师请同学单独来读一读。

生：守株待兔。

师：你读得字正腔圆。请大家给"守"组一个词。

生：遵守，守纪律，守规矩。

师："守"就是默默地记在心上。"守"还可以组成别的词语：（课件出示）

守信：讲究诚信。

守旧：坚持旧的看法而不改变。

坚守：经受住困难的考验而牢牢地守住。

拒守：拒绝遵守。

（学生齐读）

师：谁能运用其中的一个词说一句话？

生：我是一个守信的人。

师：诚信是人的名片，应该好好地守住。

生：我们不能守旧。

师：守哪些东西算是守旧呢？

生：迷信。

生：以貌取人。

师：这些都是不科学不健康的观念，理应抛弃或改变自己。

生：女人裹脚。

师：你真是我们班的小博士。女人裹脚伤害了自己的健康，所以啊，我们要坚守健康的科学的观念，拒守那些伤害我们的观念。那么，课文里面的宋人守的又是什么呢？想要解决这个问题，我们就要认认真真朗读课文。请大家捧起书，借助拼音自由地朗读课文，难读的地方请多读几遍。

（学生自由朗读课文）

（点评：文言文不好教，面对三年级的孩子教文言文更需要老师的智慧。在这个教学环节，我们看到了丁老师的努力。他准确地抓住生字"守""株"，清除生字障碍，学习的列车才能平平稳稳、顺顺利利地行驶。更妙的是对"守"字的教学，老师从带着学生给"守"组词开始，逐渐把思维引向深入。正所谓"草蛇灰线，伏脉千里"，为接下来的教学做好铺垫。）

师：谁来站起来读一读？敢于挑战的勇士被人们称作"第一个吃螃蟹的人"，谁是我们班那个"第一个吃螃蟹的人"？

（一男生起立读，全班自发鼓掌）

生：宋人有耕者。田中有株。兔走触株，折颈而死。因释其耒而守株，冀复得兔。兔不可复得，而身为宋国笑。

师：那么多的生字，你都读准了，就冲这一点，老师佩服你。你是怎么做到的？

（点评：学生最需要的是激励，只有激励，才能激发学生的兴趣和活力。学生的兴趣被调动起来了，心底的活力就能勃勃爆发，思维的清泉就能汩汩流出。）

生：我看了拼音，哪个字难读的，我就特意多读了几遍。

师：你的行动证明了正确的学习规律要遵守。现在，老师提高要求了，删除拼音，谁还能读？（课件出示没有拼音的课文）

（生读）

师：看来你是真的会读了。古人写文章是没有标点的，这样的文章，大家敢挑战吗？（课件出示没有标点的课文，之后依次出现繁体字版、篆书字版、草书体版的课文，学生踊跃挑战，课堂上书声琅琅）

师：我们班的孩子果然能力非凡，老师要出大招了，请看：（课件出示课文插图）这你们还能读吗？

（学生齐声回答：能，并自发地背诵课文）

师：哎呀，服了服了，你们个个都是好样的！

（点评：何谓好课？教学的目标贴近了学生，教学的语言贴近了学生，老师的心也贴近了学生，这样的课就是好课。卡尔·雅斯贝尔斯说："教育的本质是一棵树摇动另一棵树，一朵云推动另一朵云，一个灵魂唤醒另一个灵魂。"）

第二版块　实实在在精心辨

师：读熟文章是学习文言文的第一步。第二步就是理解词句，读懂文章的意思。我们曾经学习了《司马光》，你还记得自己是怎么读懂课文的吗？

生：看注释。

生：看插图。

生：利用组词的方式，理解词语的意思。

师：大家知道的方法真不少，事不宜迟，请对照自学提示开始学习吧。（课件出示自学提示）

自学提示

1.借助注释、插图等理解词句的意思。

2.和同桌说说各自的理解。

（学生自学，同桌互学）

师：守，遵守的"守"，守住的"守"，（板书：守）当宋国的这位农民伯伯安然地坐在树桩前，静静地"守"着的时候，他守的究竟是什么？

生：他守的当然是树桩了。

师：你能用文中的句子说说依据吗？

生：因释起末而守株。

师：放下农具，一心守着树桩。（在"守"的左下方板书：株）他这样做的目的只有一个，谁知道是什么目的？

生：还想得到兔子。

师：用文中的句子回答，那就是四个字，谁发现了？

生：冀复得兔。

师：一个木头桩子有什么好守的？原来啊，他守的是美味的兔子。（在"守"的下方板书：兔）就这样，一天过去了，他坐在那里守着。

生齐读：因释起末而守株，冀复得兔。

师：日升又日落，一个星期过去了，田里的草都长出来了，他还是坐在那里守着。

生齐读：因释起末而守株，冀复得兔。

师：光阴似箭，日月如梭，不知不觉，一个月过去了，田里的草长得比庄稼还高啊，他还是坐在那里守着。

生齐读：因释其耒而守株，冀复得兔。

师：当你听说了这件事，你都想到了什么？

生：这位宋国人太可笑了，兔子跑过来撞死在树桩上是很偶然的，等也是白等。

生：最后的结果是不仅得不到兔子，还耽误了干农活，影响了庄稼。

师：错把偶然当必然，可笑可笑。

生：兔子撞死在树桩上，是很罕见的，不能做天天捡兔子这样的白日梦。

师：这是在告诉我们不能心存侥幸，脚踏实地才是正道。兔子不会再来，树桩也会随着风吹雨淋慢慢腐烂（老师边说边擦去"株"和"兔子"），这些偶然的、依赖好运突然降临的错误想法，又怎么守得住呢！那么，请同学们细细默读课文，认真观察插图，深入思考，哪些是守得住的呢？

（学生带着问题安静默读，陆续有学生举手）

生：他的农具是守得住的，有了农具才能种东西。

师：你是火眼金睛，好厉害！用勤劳的双手挥舞农具，就能获得好收成，过上好日子。（在"守"的右上方板书：勤劳（农具））

生：土地是可以守得住的，反正它也不会跑。（该生情不自禁地发笑，引来同学的笑声）

师：你真是实话实说。土地自然跑不了，但是，不耕种的土地只能长野草，你是吃野草长大的吗？

生：哦，我知道了土地是可以守得住的，但是，光守着还没有用，要种上种子才可以。

师：自己说话的漏洞自己及时补上，你这是对自己的发言负责，而这位宋人对自己的天地却没有尽到应有的责任。（在"守"的后面板书：责任（土地））兔子撞上树桩是偶然事件，那么，用勤劳的双手耕种，对土地负责，就一定会获得好收成，就是必然的。（在"守"的右下方板书：必然）

（点评：一石激起千层浪，巧问问出万般思。这种总览全局的提问能起到"提领而顿，百毛皆顺"的效果，不蔓不枝，直抓关键。在教学中，丁老师引着学生从有形的"守"过渡到无形的"守"，看起来风平浪静，实际上学生的认知逐渐走向深入，达到了水到渠成的自然的教学效果。陶行知先生说过："发明千千万，起点是一问。智者问得巧，愚者问得笨。"正是这样的问，让课堂上的老师和学生都处在磁场之下一般，也点燃了我的一探究竟的热情，欲罢不能，不忍中间打断评课。）

第三版块　欢欢喜喜勤躬行

师：短短的寓言故事，带给了我们很多启发，就像严文井说的那样：（课件出示）寓言是一个魔袋，袋子很小，却能从里面取出很多东西来，甚至取出比袋子大得多的东西。

（学生齐读）

师：我们从寓言这个"魔袋"里取出了很多很多东西，自然而然地帮助了我们自己，其实，作为一种古老的文学样式，寓言还有独特的作用。（课件出示）

寓言是来源于民间的口头文学，具有悠久的历史。特别是到了战国时期，人们为了表明主张，说服对方，就把深刻的道理放在生动的故事里面。于是，寓言获得了很大的发展。

（请一学生朗读）

师：通过这则资料，大家对寓言的作用又有了哪些新的认识？

生：寓言可以表明自己的主张。

生：利用寓言可以说服对方，也让别人容易接受。

（点评：学生读懂了《守株待兔》，教学任务基本完成，教学的脚步似乎可以停歇下来了。可是，丁老师没有就此止步，反而在学生读懂的基础上毅然前行。他将带学生走向哪里，我心里也泛起嘀咕。当我看到严文井先生的名言时，心底豁然开朗，哦，老师的轻轻一转，就转出了一个新世界。）

师：你知道我国历史上有哪些利用寓言故事说服对方的故事吗？

（该生摇摇头，表示不知道这样的故事）

师：不知道没关系的，先坐下来听听别人怎么说的。

生：我知道一个这样的故事——《螳螂捕蝉》。这个故事是说吴王很专横，要想说服他是件很难的事情。有一次，吴王准备进攻楚国。他召集群臣，宣布要攻打楚国。大臣们一听这个消息，都不同意，但是，谁也不敢劝吴王改变主意。后来，有一个少年装作在院子里打鸟，吸引吴王的注意，给吴王讲了《螳螂捕蝉》的故事，让吴王放弃了攻打楚国的想法。

师：请把热烈的掌声送给他。现在，我们就像这位聪明的少年那样，利用《守株待兔》的故事劝一劝身边的人。请看情景一。（课件出示图片：深夜，一位叔叔正趴在书桌前研究彩票）

师：我现在就是这位痴迷于彩票的叔叔，谁来劝劝我？我是成年人了，听得懂文言文。

生：叔叔，您好。

师：有什么事吗，小屁孩？我好什么好啊，买彩票中了500万那才叫好！

生：我也希望您能中大奖，但是，那个概率太低了。您休息一下，听我讲个故事给您吧。

（该生背诵课文）

师：兔死触株，折颈而死，这兔子走路都能撞死自个儿啊？

生：在古时候，"走"就是"跑"的意思。兔子撞死在树桩上，这是很偶然的。

师：是啊是啊，我懂了，好好工作才是正事。谢谢你，小朋友。

生：不客气，叔叔。再见。

师：这就是学以致用，道理暗含在故事中，不言自明。请看情境二：（一个小朋友不认真听课，却幻想着取得好成绩）请同桌之间合作，选择好自己的角色，体会运用寓言故事规劝的巧妙。

（同桌之间自在交流，老师巡视指导）

师：大家互动得那么积极，那么开心，经典的故事带给了我们很多快乐，很多收获。有教育专家归纳了《守株待兔》这则寓言告诉我们的道理，大家请看。（课件出示）

1.兔子自己撞到树上，说明运气好。撞死的兔子不去捡，那是不知道灵活变通；

2.天上掉馅饼的事是不可能发生的；

3.只有通过自己的劳动，才能有所收获，否则将一无所获；

4.种田人因为等兔子没有做农活，是他的时间安排不合理，兔子要等，庄稼也要种。

师：此时此刻，我知道大家都有很多话想说。老师要请大家记住读懂一则寓言或许只要一节课，但是，要真正领悟其中蕴含的道理或许需要一辈子。

（点评：寓言是怎么起源的？这必须要探根求源，到滔滔的文化历史长河里去追寻。原来是为了说服对方，借故事说道理。学生是不是知道了道理就万事大吉？答案显然是否定的。知道—懂得—利用，从知到用之间还有一段长长的距离。丁老师在课堂上创设了情境，开启了学生学以致用模式，打通了从知到用的梗阻，因为运用就是学习的另一种表达，课堂就是生活的另一种样子。）

总　评
扎实课堂教学　拓宽教学外延

走进小学语文课堂，总会带给我很多很多启发。小学生年龄小，正是天真烂漫的年龄。他们的求知欲强，对外界的事物怀揣着无限的好奇。所以，老师能在课堂上顺性而为，一定能呈现出活泼而扎实的课堂教学效果。结合着刚才的那节课，我从以下四个方面谈谈自己的想法。

一、问的把握

用提问的方式来促进学生思考是常用的教学手段。苏联教育家苏霍姆林斯基说："教师高度的语言修养是合理地利用时间的重要条件，极大程度上决定着学生在课堂上脑力劳动的效率。"这就要求课堂上的提问要具有启发性、科学性、挑战性、开放性，而不能多次地碎问。

丁老师在课堂上提出了全局性的大问题，"当宋国的这位农民伯伯安然地坐在树桩前，静静地"守"着的时候，他守的究竟是什么？"然后，老师循循善诱，一步步地带着学生由浅入深、从表及里，进而明白了守得住的是什么，守不住的是什么，在不知不觉中偶然和必然这样对小学生来说空洞的词语或者说概念有了理据、有了根底。寓言所蕴涵的道理宜让学生自读自悟，而不是直接告知，那种贴标签式的教学是苍白无力的。

二、度的拿捏

走进课堂，我们总是好为人师，总想着让孩子更好。渐渐地，我们就忘记了自己身在何处，面对的是谁？小学语文就是小学语文，它面对的是小学阶段的孩子。那些出力不讨好的事已经叫停了。刚才的这节课上，我们看到老师的努力。

丁老师用心地激励孩子，话语之间不仅有柔情，还有师者的睿智，不仅有道理，还富有情趣。他是一个化妆师，善于包装那些高深的道理，孩子们很喜欢这些"糖衣炮弹"。一个个乐呵呵地被击中了，知识就在这笑声中悄悄地渗透了。看似不经意的一句话，实在藏着大智大勇，它们是催化剂，让学生和文本产生了奇妙的化学反应。不得不说，能够在课堂上准确定位教学的目标、教学的方式和教师的角色，时刻保持清醒，不被学生带偏，这对老师是一个很大的考验。

建构主义认为学生是学习活动中的认识主体，是建构活动的行为主体，学生作为认识主体的作用，体现在认识活动中的主动参与。在课堂上，速度、坡度、密度、深度、跨度等都影响着学生的参与度。理想的课堂是学生兴高采烈地全员和全程参与。

三、境的营造

课堂的外延是生活，移生活于课堂的最有效的方式就是创设恰当的情境。匈牙利著名数学家玻利亚认为"学习过程是从行为和感知开始的，进而发展到词语和概念，以养成合理的思维习惯而告结束"。没有情境，没有经历，学生如何迈开感知的第一步？

在这节课上，丁老师别出心裁地创设了两个情境：情景一：深夜，一位叔叔正趴在书桌前研究彩票；情境二：一个小朋友不认真听课，却幻想着取得好成绩。两个不同的情境都源于真实的生活，经过老师的巧妙点拨，学生不仅巩固了课堂的学习，更运用了所学知识。此时无声胜有声，一切尽在不言中。

良好的教学情境的创设，能有效引起学生的"有意注意"，引发认知心理平衡，激发学生动机，启迪学生思维。当学生进入情境的时候，真正的学习开始了，知识的迁移开始了，主体地位确立了。课堂教学活动就是在认知发展和情感发展两个方面的相互作用之下完成的，知识往往通过情感功能才能更好地被学生接受和内化。

四、思的留白

有人这样评价我们的中国画——"缩千里于尺幅之间，使丹青手法写诗"。我想这句话对于课堂同样适用。有的课，随着下课铃声的结束而结束，有的课则如"余音绕梁，三日不绝"，让人事事回味，历历如在眼前。

在这一节课上，丁老师大胆地出示了四种观点：

1.兔子自己撞到树上，说明运气好。撞死的兔子不去捡，那是不知道灵活变通；

2.天上掉馅饼的事是不可能发生的;

3.只有通过自己的劳动,才能有所收获,否则将一无所获;

4.种田人因为等兔子没有做农活,是他的时间安排不合理,兔子要等,庄稼也要种。

四种观点,各有其合理之处,绝不是一个孩子能够说得清楚的,真的需要一辈子去思考去感悟的。这样的课堂留白,吸引着学生去思考、想象、质疑、探究,正所谓"大音希声,大象无形"。

从格式塔理论来说,当人们去观看一个不完满的、即有"缺陷"或者"空白"的事物,会在知觉中产生一种紧张的内驱力,促使大脑积极兴奋地活动,去填补那些"缺陷"或者"空白",从而达到内心的不平衡,获得感受的愉悦。这也在告诉我们,课不要上得太满太实,留一些空间反而能起到意想不到的效果。因为课堂的外延是生活,生活是无限广阔的,生命的成长需要生活的力量。

以上就是我分别从问的把握、度的拿捏、境的营造、思的留白等四个方面所谈的一些看法,不当之处,请丁老师和同行们斧正。最后,我想和大家分享苏霍姆林斯基说过的一句话:"人的心灵深处,都有一种根深蒂固的需要,就是希望自己是一个开发者、研究者、探索者。"

愿每一个老师都是开发者、研究者、探索者,愿每一个学生都是开发者、研究者、探索者。

⑬ 精卫填海①

炎帝②之少女③，名曰女娃。女娃游
于东海，溺④而不返，故⑤为精卫，常衔
西山之木石，以堙⑥于东海。

注释

① 本文选自《山海经·北山经》。精卫，神话中鸟的名字，形状像乌鸦，头上有花纹，白色的嘴，红色的脚，传说是炎帝小女儿溺水身亡后的化身。
② 〔炎帝〕传说中上古时期的部落首领。

③ 〔少女〕小女儿。
④ 〔溺〕溺水，淹没。
⑤ 〔故〕因此。
⑥ 〔堙〕填塞。

帝 少 曰 溺 返

帝 曰 溺 返 衔

○ 正确、流利地朗读课文。背诵课文。

○ 结合注释，用自己的话讲讲精卫填海的故事。

○ 精卫给你留下了怎样的印象？和同学交流。

50

《精卫填海》教材解读

精卫衔微木，将以填沧海

《精卫填海》是统编版教材的第三篇文言文，是继三年级历史故事《司马光》与寓言故事《守株待兔》之后的神话故事。《精卫填海》讲述了女娃去东海游玩，不幸溺亡，竟然奇迹般地化身精卫鸟，不惧千里之远，不畏千难万险，衔西山木石发誓填平东海的感人故事。

这个简短的故事就是精卫的母体，不论其他人如何注疏，作为精卫的原始意象，都是恒定的。原始意象是文学形象的基本模式。细细品读课文不难发现，精卫的前身是女娃。一个肉身凡胎的女孩，来到浩渺的东海游玩，发生溺亡的悲剧并不罕见。一般的人，遭遇溺亡，一定是魂飞魄散，消失在时光的漫漫长河里。但是，女娃却死而不亡，化身为鸟，神话的神奇就在女娃幻化为鸟的那一刻突然扩散爆发出来，文本也由现实层面逐渐向审美层面过渡。

那一刻究竟发生了什么？女娃怎么可以溺而不亡？是什么力量让女娃幻化为精卫？精卫为何要填海，是出于私恨还是公仇？……这一个又一个的疑问撞击着读者的心灵，也把读者带进了审美层面。

我们知道，审美层面是文本的高层结构，使文学具有审美意义，是审美体验的对象，是超验的、生成性的，有待于创造性的填充。也许你不禁会问："靠什么来填充？"那就是想象。因为"想象是灵魂的眼睛"。睁开这双神奇的眼睛，我们才能劈开文本的重重巨浪，深入东海之中，和溺亡的女娃对话：你是舍不得父女的暖暖亲情吗？你是丢不下昔日的亲亲伙伴吗？你是无法割舍人间的一草一木吗？……我们在问女娃，也在问神话这个文体，在不断地追问中，精卫的形象渐渐明朗起来：她来自民间，带着人间的烟火之气，喜怒哀乐，悲欢离合，五味杂陈；她死而不亡，精魂不散，带着神界的惊天伟力，可重生，可变化。我们用想象做针线，一缝一补，充实了文本的"空白"。

"空白"这一术语是波兰现象学家罗曼英伽登首次应用于文学理论当中的。接受美学的主要代表之一沃尔夫冈伊瑟尔在他的《文本的召唤结构》一文中明确提出了"空白"的概念。"空白"，根据伊瑟尔的看法，是指文本中没有实写出来的，或者没有明确写出来的东西，是文本中已经实写出来的内容对读者所提示或者暗示的部分。

面对《精卫填海》的"空白"，我们利用实写的"有"揣摩着虚写的"无"，以实就虚，虚实相应，完成了由可爱的女娃向神界的精卫的认知转身。"转身"之后的精卫，义无反顾地长年累月地做着一件事——常衔西山之木石，以堙于东海。这样的举动说明了什么？

古时的陶渊明在《读山海经》一诗中是这样说的："精卫衔微木，将以填沧海。刑天舞干戚，猛志固常在。"现代的矛盾是这样回答的："精卫填海属于鸟兽神话，表现的是百折不回的毅力和意志。"

此时此刻，精卫矢志不渝，不辞劳苦，坚韧，执着，它还只是一只神鸟吗？回答一定是否定的。那么，它是谁？在茫茫人海中，什么样的人有这样的气魄和担当？答案只有一个——英雄。至此，精卫的形象在层层剥笋之后得以呈现。可爱的女娃——神界的精卫——心中的英雄，一次比一次超越，一层比一层深化，在超越和深化之中，英雄的形象得以升华和定格，审美意义上的意象得以建构。因为审美层面是现实层面和原型层面的指向和归宿，是最高层面的，主导着作品的意义。它使原型层面升华，使现实层面转化，最终处于自己的光辉之下。

我们知道最初的神话是民间的口口相传的故事，神界的"神"和地上的人之间不是割裂的。"神"只有在人化之后才能落地，才能生根，才具有蓬蓬勃勃的生命力。这些"神"都藏在一本上古奇书里——《山海经》，这是我国最早的一部富有神话色彩的地理书。学一篇，读一本，由课内走向课外，从当今穿越到远古，从现实走向神话，其间的无穷乐趣，非得读读《山海经》方能道也。

刑天舞干戚，猛志固常在

——统编版教材四年级（上）第13课《精卫填海》教学实录与点评

点评：彭才华　广东省彭才华名师工作室主持人

单位：广东省东莞市莞城中心小学

【教学目标】

1.借助拼音，把文章读正确、读通顺；

2.把握节奏，读出韵味，感受文言之美；

3.结合注释，学习用自己的话讲精卫填海的故事；

4.通过诵读，体会精卫填海的精神，感受神话的魅力。

【教学过程】

第一版块　扎扎实实读文章

师：同学们，我们刚刚结束了神话故事《盘古开天地》的学习，那神奇的一幕幕真令人惊叹。谁来说一说那些充满想象力的画面，让我们一起再次感受神奇。

生：盘古力大无穷，竟然可以把天托起来。

生：盘古的身体可以和天地一起长大。

生：盘古倒下后，他的身体变化成了各种东西。

师：多么奇妙，多么不可思议，这就是神话的魅力。今天，我们将学习一篇新的神话故事《精卫填海》。请齐读课题。

（学生齐读课题）

（点评：聚焦神话的特点，引导学生复习旧知，再行小结，用时虽不多，开篇已显旨。）

师：这是一篇文言文。小小的精卫鸟又将带给我们怎样的神奇与感动呢？让我们翻开课本，对照拼音，自由地朗读课文，难读的地方建议你停下来，反复地读一读。开始吧！

（学生自由朗读课文）

师：文章只有两句话。谁来读读第一句？

（点评：只有两句，所以不难。教师简单的语言里，已将学生对文言文的畏惧与隔膜悄然化解，更为下面的教学埋下伏笔。）

生：炎帝之少女，名曰女娃。

师：你读得字字清楚，多音字"少"的读音你注意到了，不知道"少女"的意思，你注意到了没有？

生：我注意到了，是小女儿的意思。

师：你的自学能力真强啊！今天来看，"少女"的意思谁知道？

生：年轻的女孩。

生：漂亮的女孩。（该生忍不住笑，引来同学们的一阵笑声）

师：现在资讯发达，我们可以理解。今天，"少女"这个词的意思和古代大不相同，是指没有结婚的年轻女孩，跟漂亮不漂亮没有关系。言归正传，谁来读读长长的第二句？

（点评：文言文教学最忌"字字落实"，对"少女"二字古今异义的现象进行智慧点拨，恰到好处。）

生：女娃游于东海，溺而不返，故为精卫，常衔西山之木石，以堙于东海。

（把"衔"错读成"街"）

师：这句话特别长，生字又多，你能站起来朗读就是好样的。美中不足的是读错了一个字。

（点评：课堂理答有温度，见智慧。）

生：他把"衔"错读成"街"。（教师板书"衔"和"街"）

师：你真是耳聪目明，请你教大家读两遍。

（生领读，全班学生跟读。）

师：这两个字是形近字，中间的部分是不一样。（教师用红笔圈出"衔"和"街"的中间部分）请大家看看插图，精卫现在在干什么呢？

生：衔东西，叼东西。

师：这就是"衔"。现在，请同桌之间再次练读，不仅要把字音读准确，还要注意句子的停顿。

（学生同桌之间练读）

（点评：一个字音念错了，背后意味着什么？很多时候，我们没有去认真思考，结果白白浪费了一个个教学良机。这一处，学生读错"衔"，教师不是简单正音了事，而是立即写下形近字"街"，让学生认真比对。课堂生成，就是教学的宝贵资源。）

师：机会永远留给有准备的人。谁准备好了？我们其他同学仔细听她在哪里停顿了。

（一女生起立读，吐字清晰，停顿恰当）

生：她在"名曰女娃"的"曰"后面停顿了。

师：请大家在"曰"的后面画上一根斜线，表示停顿。

生：她在"女娃游于东海"的"娃"后面停顿了。

生："故为精卫"这一句，她在"为"的后面停顿了。

师：你们听得仔细，笔记做得认真。现在，咱们一起朗读，感受文章的停顿。

（学生朗读课文）

师：感知文章的停顿，就是在感知文章的节奏，体会文章的意思。文章的节奏不同，停顿也有长有短，语速有快有慢。请大家请听老师读，特别注意老师的停顿。

（老师范读，学生安静聆听）

生：老师在读"之"的时候，拖长了声音。

师：一停顿，一拉长，古文的味道也就出来了。

生："溺而不返"这个词，老师读得很慢，很忧伤。

生："常衔西山之木石"的"常"，老师读的时候加重了语气。

师：大家的耳朵可真灵。来吧，打铁要趁热，多读多练之后你会读得比老师还好。下面请大家分小组练读，好好体会句子里藏着的情感，试着读出这份情感。待会儿，各小组推荐一个代表，我们全班同学是评委，一起评选我们的"朗读小明星"。

（学生在小组内练读，然后推举代表参与评选，老师引导学生进行评价，比如关注节奏的快慢、声音的轻重、语速的缓急、动作与表情等方面，借机渗透读法。）

师：为每一位积极参与朗读和评价的同学点赞！老师奖励给大家一

首小诗：

      学习文言并不难，字字清楚作积淀。

      把握快慢与轻重，朗读就是在发现。

（点评：读，永远是语文学习的第一法则。由读正确，渐渐至读出节奏，乃至读出情感，教学有板有眼，踏踏实实。）

第二版块　真真切切品文言

师：有人说学习语文要用两只眼睛，一只眼睛看懂文章的意思，另一只眼睛关注文章的情节。在文章的情节方面，你有什么独特的发现？

生：我想女娃没有溺亡之前，就和现在的我们一样，过着快乐的生活。

师：在享受天真烂漫的童年时间啊，多叫人向往。

生：女娃溺亡了，他的爸爸一定很伤心。

师：普天之下，父母的心都是一样的。

生：精卫不停地衔起石子，想要填平东海。

生：女娃溺亡之后，竟然变化成了鸟。

师：好一个"竟然"！老师听出了你内心的不可思议。富于神奇的变化正是神话的鲜明特点。我们现在就来看看女娃在这变化当中的具体表现。请你用"女娃"开头说一个句子。

生：女娃是炎帝的女儿。

生：童年的女娃，在家人的关心下生活地快快乐乐。

师：多么可爱的孩子！随着故事情节的发展，大家想到别的画面了吗?

生:女娃去东海游玩,竟然被淹死了。

生:女娃被淹死之后居然变成了一只精卫鸟。

(点评:"用'女娃'开头说一个句子",其实就是引着学生整体感知。但是,丁老师别出心裁的设计让我们感到耳目一新,也拉开了"品"的大幕。)

师:我们感受到了你内心的惊奇,这个变化也是课文里一个巨大的问号。溺亡的那一刻,她都想到了什么?同学们,让我们轻轻地闭上眼睛,随着音乐深入海底,走进女娃的内心。(板书:女娃)

(老师范读,学生闭目静听,展开想象)

生:女娃也许想到了最疼爱她的爸爸妈妈。

生:女娃可能想到了她最要好的朋友。

师:感人心者,莫先乎情。父母和朋友都是最最亲近的人,谁能离得开啊?

生:女娃有可能想到了我失去亲人是这么痛苦,如果其他的人也被淹死了,不也是一样很痛苦吗?我只有把东海填平,才能防止悲剧的发生。

生:东海里有神仙,神仙用法力让女娃变成了精卫。

师:你想象到的是小小年纪的女娃很懂事,由自己联想到了他人。他想到的是神仙的法力,是的,在神话里面,高强的法力简直无所不能。可是,神仙不会无缘无故地施展法力,面对溺在水中的女娃,总该有些理由吧!请大家和同桌讨论讨论。

(学生同桌之间互相讨论,老师巡视讨论情况)

师:智者千虑或有一失,同学讨论取长补短。同学们,给女娃变成精卫一个充分的理由吧。

（点评：文本虽然只有短短的两句话，但是内里大有乾坤。师与生打开文章的"缺口"，将读与思结合起来。在师生不断的开掘中，人物形象不断丰满。）

生：女娃善良又体贴，在那一刻，她想到了自己的爸爸妈妈。今天，爸爸妈妈将永远地失去她，她也将永远地失去爸爸妈妈，心里该有多难过。

师：俗话说"人心都是肉长的"，就算是神仙也有悲悯之心。这个理由很充分。

生：女娃富有正义感，东海是如此浩大，无边无际，而女娃只是一个小女孩，多么弱小。所以，女娃心中不平，很不甘心。

师：善良和正义，这是天地的良心。这个理由很有说服力。

生：女娃自己失去了亲人，心里是那么难受，如果换作别人，那也是一样的。所以，她由自己联想到别人，她为别人着想，不希望这样的悲剧也发生在别人身上。

师：心中装着别人，这是一份大爱。综合大家的想法，善良、正义、大爱，这些人世间最美好的情感足以感天动地。或许还有一些说也说不清道也道不明的原因，这说不清道不明的原因恰恰就是神话的魅力所在。不管怎样，一个孩子就如此神奇地变成了一只鸟，它就是——

学生齐答：精卫。（板书：精卫）

师：从精卫发誓填平东海的举动中，大家想到了什么？

生：精卫想要填平东海，帮助更多的人，做一个小英雄。

生：精卫日复一日地衔起石子，发誓要填平东海，不是为了发泄内心的不满。

师：短短的故事，你们却想到了很多很多。关于精卫发誓填平东海，是发泄自己的不满还是帮助他人避免悲剧的发生，我们先不急着下结论，先来看看别人怎么说。

（点评：这一板块，由闭眼想象女娃内心，到探讨女娃为何可以化为精卫，层层深入，环环相连，一步步提升到课堂高潮。这正应了教者所言——"学习语文要用两只眼睛"。当然，这里的第二只眼睛关注的还不只是情节，更是文章深处的主旨。）

第三版块　袅袅娉娉飨文化

师：《精卫填海》的故事流传了千年，很多人写下了自己的感受。东晋的陶渊明写下了这样的诗句：（课件出示，学生齐读）

精卫衔微木，将以填沧海。刑天舞干戚，猛志固常在。

——（东晋）陶渊明《读山海经》

师：明朝的顾炎武如动情地感叹：（课件出示，学生齐读）

万事有不平，尔何空自苦；长将一寸身，衔木到终古？我愿平东海，身沉心不改；大海无平期，我心无绝时。

——（明）顾炎武《亭林诗集·精卫》

师：时间在变，但是，精卫填海的精神一直流传到现代：（课件出示，学生齐读）

精卫填海属于鸟兽神话，表现的是百折不回的毅力和意志。

——茅盾

师：看了陶渊明、顾炎武、茅盾三位先生说的话，老师相信大家的心中已经有了答案。

生：小小的精卫，拥有毫不动摇的强大意志。

生：精卫不是为了自己，而是为了他人。这样的精神赢得了人们的赞美。

（点评：由一个故事，到一种文化：遵循由古至今的历史轨迹，给学生提供拓展资料，顺利引导学生感悟精卫填海的文化脉络。）

师：为别人着想，哪怕自己付出了许许多多，依然无怨无悔。这样的精卫，就具有了一种人的品格，他们勇敢善良，他们有正义敢担当，他们胸怀大爱心中装着他人，他们有一个共同的响亮的名字——

生：英雄（老师板书：英雄）

（点评：卒章显志，点石成金。）

师：（指向板书）通过思考我们发现，女娃的身份在悄悄地发生变化，最初的她是炎帝的女儿——女娃，一个可爱的女孩。溺亡之后，她奇迹般地变成了精卫，由于心怀他人，坚持不懈地填海，她渐渐地成了我们心中的英雄，令人敬仰。《精卫填海》的故事，情节生动，感人至深，从遥远的先秦流传至今，你想把这个故事讲给身边的人听吗？（学生受到老师的情绪感染，心有所感，激动地点头同意）你就是一个传扬中华文化的火种。

（点评：借用板书，高效梳理课堂。）

师：精神长存，感动常在。这样激动人心的英雄故事，还有很多很多，比如夸父追日、大禹治水等。它们都藏在一本上古奇书中，这本书就是《山海经》。（课件出示《山海经》封面）《山海经》这本书语言之精炼，故事之有趣，人物之鲜活，文化之瑰丽，一定会带给大家更多的美好。

（点评：由一篇文章，到一本典籍。语文课堂就应该这样，引导学生由一间教室走向浩瀚的阅读世界，由40分钟走向漫长的人生之旅。因为，教是为了不教。）

【板书设计】

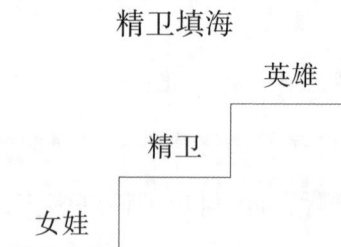

精卫填海

英雄

精卫

女娃

总 评
形神兼备立新意，情趣谐出自多姿

我们常说"一千个人眼中就有一千个哈姆雷特"，当一节课呈现在我们面前的时候，设计理念、教学目标、教学重难点、教学策略等很多方面都可以成为我们评价的着眼点。丁老师的这节课，除了扎扎实实地做好了常规的教学之外，更对文言文教学做了可喜的探索，令人有耳目一新之感。

关于文言：抓牢肯綮，蓄势后学

每一种文体都有自己的特质。正是这种特质决定了在教学的时候，不能盲目跟风，人云亦云，应擦亮双眼直击关键，还该类文体教学的本来面目。具体到《精卫填海》一课，我们一眼就能发现这是一篇古老的中国神话故事。神话故事是一种集体创作，它并不是对现实生活的客观反映，而是由于远古时代人们对自然的思索并结合自己的想象力而汇聚成的。神话中的人物都充满激昂的斗志、神奇的能力，具有十足的英雄气概。诚如鲁迅先生所言："昔者初民，见天地万物，变异不常，其诸现象，又出于人力所能以上，则自造众说以解释之；凡所解释，今谓之神话。"

在《精卫填海》这个故事当中，最神奇的地方在哪里？那就是女娃溺而不亡、化身精卫的变化。丁老师在课堂上引导学生，使学生沉浸在故事中，沉浸在想象中，沉浸在体验中。学生大胆推想女娃溺而不亡化身精卫的原因，可想而知，这个原因任谁都是无法穷尽的，关键是学生在这个过程中，感受到了神话的神奇。不可名状、不可言传、不可想象，无疑增加了神话的魅力。

关于解释：解疑答惑，释然课堂

韩愈在《师说》中这样描述教师的职责："师者，所以传道授业解惑也。"这句话直至今天依然有着强大的生命力。面对文言文的教学，我们首先面临的问题就是学生读不懂，如果连读都读不懂的话，又何谈理解？这个时候，作为老师赶忙解释字句似乎顺理成章。似乎不解释，老师就没有尽到应有的职责一样。在这里我想说，文言文的教学不仅不拒绝解释，不排斥解释，反而热烈欢迎解释，尤其是那些不漏痕迹的解释。

就以丁老师的这节课为例来说，在课堂上，丁老师设置了一个特别有意思的问题——请你用"女娃"开头说一个句子。不得不说，这是一个精心设计的问题，它的开放性让每一个学生都能有话可说，它的激励性调动了每一个学生的思维，它的艺术性启发着学生思维的触角延伸到文本的方方面面。正所谓是学起于思，思起于疑，疑解于问。就在学生自由自在的言说中，所谓的解释已经隐身了。如果我们在课堂上的提问能够具有开放性、激励性、艺术性，以问促解，为思代释，那些直白的赤裸的肤浅的解释，就可以销声匿迹了。

在这节课当中，还有一个无需解释的地方，就是女娃溺而不亡化身精卫的变化原因。丁老师在小结学生的发言时，当机立断，一言以蔽之。为什么要这么做呢？这是由神话本身来决定的。马克思说："任何神话都是用想象和借助想象以征服自然力，支配自然力，把自然力加以形象化；因而，随着这些自然力之实际上被支配，神话也就消失了。"套用马克思的话，如果神话的"神"穷尽了，"水落石出"了，那神话就失去了神秘、神奇、神妙、神韵，也就不再令人神往，神话将不复存在。

关于脉络：纲举目张，筋肉丰满

明末清初思想家、哲学家王夫之曾言："气者，理之依也。"此语的意思是说精神是依赖于物质的，由物质产生的，离开物质，精神就不存在。对一节课而言，它所依赖的"气"来自何处？其中之一就是脉络。

这节课分为三个版块：扎扎实实读文章、真真切切品文言、袅袅娉娉赏文化。由读起步，夯实基础，继而品味语言，纵深开掘，指向文化，鼓励传承，各个环节之间层层铺垫，环环相扣，一气呵成。正是因为课的脉络清晰，指向明了，再加上执教者的灵活调控，二者相得益彰，方促成了一节好课的诞生。

这节课，不仅设计上脉络清晰，而且在步步推进的时候，实施的节奏亦是清清楚楚。女娃——精卫——英雄，这三种角色绝不是名称的简单变化，而是人物的蜕变、主旨的升华。下一个的变化是立足于上一个的基础，领着学生思考变化的过程，就像一步一步登山一般，步步稳健，等这一步踏稳了，再迈步向前。

岁月无踪，流光无痕，在静静流淌的时光里，我很欣喜地和丁老师以及广大语文老师一起探讨教学的真谛。愿我们多思考探索，多躬身实践，遇见一节节好课，诠释心中的语文。

25 王戎不取道旁李[①]

róng

王戎七岁，尝[②]与诸小儿游。看道边李树多子折枝，诸
儿竞走[③]取之，唯[④]戎不动。人问之，答曰："树在道边而多
子，此必苦李。"取之，信然[⑤]。

注释

① 本文选自《世说新语·雅量》。王戎，晋
朝人，"竹林七贤"之一，自幼聪慧。

② 〔尝〕曾经。

③ 〔竞走〕争着跑过去。

④ 〔唯〕只有。

⑤ 〔信然〕的确如此。

róng　zhū　jìng

戎　诸　竞

戎　尝　诸　竞　唯

◉ 正确、流利地朗读课文。背诵课文。

◉ 结合注释，用自己的话讲讲这个故事。

◉ 说说为什么"树在道边而多子，此必苦李"。

110

《王戎不取道旁李》教材解读

近水知鱼性，近山识鸟音

　　拜读了这篇只有49个字写就的文言文，"王戎七岁"与"唯戎不动"八个字久久在心中激荡。一个七岁的孩子，理应是在父母温暖的怀里撒娇的年龄，对纷繁复杂的世界的认知懵懵懂懂。看到大路旁的李树"多子折枝"，身边的玩伴"竞走取之"，身边已然是一派乱纷纷的景象，热热闹闹之中，一个身影特别与众不同，那就是"唯戎不动"。多么巨大的反差，多么强烈的对比！

　　这反差和对比就是文本不小心留给我们的缝隙。从此入，定有豁然开朗之感。现在，我们来细细品读这一反差和对比。这是多与少的对比："诸儿"——唯戎一人；这是动与静的对比："竞走取之"——"唯戎不动"。就在满树的李子跳进眼中、小伙伴争相采摘李子之际，王戎究竟动了还是没有动？答案不言自明，动了，不同的是，别人动的是眼睛和手脚，而王戎动的是脑筋。在"唯戎不动"的表象之下，王戎的冷静沉稳和善于思考的品质浮现出来。人们常说，冲动是魔鬼，嘴上说着，可事到临头却又重蹈覆辙，克服自身的心理缺陷对成年人来说都是一条漫漫长路，而"王戎七岁"却做到了。"王戎七岁"照亮了"唯戎不动"，"唯戎不动"辉映了"王戎七岁"，二者相辅相成，让人物的鲜活性格呼之欲出。

　　赞叹之余，我们继续往文本深处漫溯。七岁的小王戎凭什么敢说"此必苦李"？依据就是"道边李树多子折枝"。诸小儿第一眼看见的就是枝头的李子，红艳艳，甜丝丝，垂涎三尺，欲摘之大快朵颐；而王戎不但看到了诸小儿眼里的"多子折枝"，更看到了李树生长的位置——

道边。从《十三经·尔雅》来看，古代的道路是有细致的称谓的："一达谓之道路，二达谓之歧旁，三达谓之剧旁，四达谓之衢，五达谓之康，六达谓之庄，七达谓之剧骖，八达谓之崇期，九达谓之逵。"

可以想见，这条"道"每天人来人往，川流不息，发现李子的人多矣。假若李子味甜肉美，又怎么会有今日"诸小儿"眼中的"多子折枝"？正是因为"此必苦李"，所以，李子即使生在熙熙攘攘的"道"边，依然无人问津，哪怕是"多子折枝"。隐藏在"多子折枝"背后的现象，被七岁的孩童捕捉。试想一群小伙伴嘴巴里吐着苦水，心中疑窦丛生，把小王戎团团围住，欲要问个究竟。听王戎把前因后果一一道来，心头的疑云散去，留下的感受是什么呢？是佩服王戎的冷静，是告诫自己今后切莫冲动，是提醒自己也要学会观察和思考，不一而足。

其实，王戎又何尝没有问过自己，"道边李树"竟"多子折枝"？从平平常常的现象起始，王戎"观察，观察，再观察"。于是，疑云开始在他小小的心间升起，一番思索，水落石出。回顾滔滔而来的文化河流，古之先贤大德多有论及：

疑是思之始，学之端。

——孔子

为学患无疑，疑则有进，小疑问则小进，大疑问则大进。

——陆九渊

学者先要会疑。

——程颐

在可疑而不疑者，不曾学。学则需疑。

——张载

如果说带领学生朗读文本、认识文言、积累学习文言文的经验属于学习这一课的本体目标，那么，从文本出发，传递一种文化，培养一种品质，则属于这一课学习的外溢目标。

"近水知鱼性，近山识鸟音。"和孩子们一起走近文言，亲近一种文化，日习月染，久自化之。

纸上得来终觉浅，绝知此事要躬行

——统编版教材四年级（上）第25课《王戎不取道旁李》教学实录与评析

点评：赵春华　全国十大青年名师

单位：广东省深圳中学龙岗学校

【教学目标】

1.认识"戎、诸"等3个生字，会写"戎、尝"等5个字；

2.能熟练地朗读课文并背诵课文；

3.借助注释等方法，理解课文的意思，知晓"树在道边而多子，此必苦李"的原因；

4.学习王戎善于观察和思考的品性。

【教学过程】

第一版块　用声音抚摸文字

师：同学们，今天我们学习第25课《王戎不取道旁李》。（板书课题：25 王戎不取道旁李）请齐读课题。

（学生齐读课题）

师："戎"是本课的生字，部首是"戈"（教师用红色粉笔在"戎"字上将"戈"描红），请同学们给"戎"组词。

生：兵戎相见。

生：戎马一生。

生：投笔从戎。

师：这三个词都和战争有关，为什么用"戎"组的词会和战争有关呢？秘密就藏在"戎"这个字里面。

生："戎"的部首是"戈"，戈是古代的一种兵器的名字。

师：是啊，正所谓顺藤摸瓜，追波讨源，这也证明了汉字的无穷魅力。带着这份欣喜的发现，我们再读读课题。（学生齐读课题）

师：课题讲了王戎的一个与众不同的选择——不取道旁李。现在就请大家捧起书，大声地对照注音读读课文，难读的地方请多读几遍，想一想王戎为何不取道旁李。

（学生自由朗读课文）

师：谁准备好了，读给我们听？文章有四句话，老师请四位同学来读。

生：王戎七岁，尝与诸小儿游。

师："戎"和"诸"两个生字，你都读得很准。

生：看道边李树多子折枝，诸儿竞走取之，唯戎不动。

师：这句话里面藏着一个多音字"折"，在这句话里面读"zhé"。路边的那棵李树如此多子，把树枝都给压断了，"折"就是"断"的意思。

生：人问之，答曰："树在道边而多子，此必苦李。"

生：取之，信然。

师：认真地练读提高了我们克服困难的能力。我们知道学习文言文不仅要读熟句子，还要关注停顿。现在，我们请同学来读一读。

生：王戎七岁，尝与/诸小儿游。看/道边李树/多子折枝，诸儿/竞走取之，唯戎不动。人/问之，答曰："树在道边而多子，此必/苦李。"取之，信然。

师：仔细一听，大家一定听出了门道。

生："看道边李树多子折枝"这句话，他在"看"和"树"的后面停顿了。

生："诸儿竞走取之"这句话，他在"儿"的后面停顿了一下。

生："此必苦李"这句话，他在"必"字的后面停顿了。

师：他读得分明，大家听得明白。让老师特别自豪的是，大家还都认真地在书本上标注清楚，做好了笔记。

第二版块　用思考润泽文化

师：学贵有疑，王戎为何不取道旁李？请大家带着这个问题仔细默读，好好思考。

（学生安静默读）

生：王戎知道李子是苦的。

师：诸葛在世了，王戎会神机妙算？

生：因为王戎说了，"此必苦李"。

师：老师知道你读懂了这篇浅近的文言文的意思，但是，你看到的是最后的结果，有果必有因。谁来说说王戎这样判断的依据？

生：树在道边而多子，这棵树长在大路边上，每天很多人路过，如果李子好吃的话，早被人给摘光了。现在，这些李子别人看见了也没有摘，那就一定是苦的。

（该生刚刚说完，教室里响起了热烈的掌声）

师：掌声就是大家对你的肯定。我们四年级的同学就要慢慢学会思考，学习深入地阅读。李树多子生路旁，此必苦李无人摘。同样的场景，王戎和小伙伴们看到的却不一样。请大家轻轻闭上眼睛，随着老师的朗读，一起走进这个故事。

（老师朗读，学生闭目想象）

生：一颗一颗的李子挂在树上，树枝都要被压断了。这就是小伙伴们看到的情景。

生：别人看见李子，急急忙忙跑过去摘，王戎却一动也不动。

师：同样的环境，他们看到的却不一样。（板书：唯戎不动）王戎站在原地，他究竟动了没有？

（班级里形成了两种不同的意见）

师：我们听听冷静思考之后的声音。

生：王戎没有动，别人摘果子，王戎就站在那里。

师：言之有理，书上说得明白——唯戎不动。（指向板书）

生：王戎动了，他动的是脑子。（有同学附和）

师：不同的声音，说明你也动脑子了。正是因为王戎动脑思考，所以，诸小儿看见李子就——

生：竞走取之。

师：独独王戎一人立在原地——

生：唯戎不动。

师：如此巨大的反差，让我们发现了一个怎样的王戎？

生：冷静的，爱观察的，会思考的。

师：善于观察（板书：善于观察）的王戎，理智地选择了站在原地。正因为善于观察，所以，才能准确判断，此必苦李。（板书：准确判断，此必苦李）

师：仅仅只有七岁的王戎，如此善于观察，如此准确判断，真叫人佩服。王戎是怎么做到的？

生：冷静，沉着，爱观察，怀疑……（学生纷纷回答）

师：发现反常现象，心中就有了怀疑，然后开始了思考。这就是孔子说的——（课件出示）

疑是思之始，学之端。

——孔子

师：要想有发现，有进步，就要学会怀疑：（课件出示，学生齐读）

学者先要会疑。

——程颐

师：诸小儿有点盲动，不怀疑，不思考，结果，自尝苦李：（课件出示，学生齐读）

在可疑而不疑者，不曾学。学则需疑。

——张载

师：生活中，要在怀疑中分析；学习上，要在怀疑中进步；（课件出示，学生齐读）

为学患无疑，疑则有进，小疑问则小进，大疑问则大进。

——陆九渊

第三版块　用背诵致敬文言

师：从疑开始，自觉思考，学习别人，提高自己。老师相信我们同学都是善于观察、喜爱思考的。请看课文里面有一个词的意思和今天相差很大，看谁火眼金睛。

生：是竞走，在古代的意思是争着跑过去。

生：现在的意思是一种体育运动。

师：你们两个真有意思，一古一今，相映成趣。同一个词，古今意思不一样，这样的现象，就藏在课文里，我们一起带着发现的欣喜读读课文。

（学生齐读课文）

师：这样的现象，我们在以前学过的文言文里面也曾经有过。

生："走"的意思，在古代和今天是不一样的。在《守株待兔》一课里面，"走"的意思是"跑"，今天，"走"就是正常的行走，速度不快。

生："少女"这个词在古代的意思是小女儿，今天的意思是年轻的女同学。（该生的回答引来同学的一片欢笑）

师：学而时习之，不亦说乎？你们能发现，爱思考，这本身就很棒。"少女"这个词咱们不常用，今天的意思是没有结婚的年轻女孩。同一个词，古今的含义不一样，大家看文言文多有意思啊！大家继续细读课文，有一个字出现了三次呢！

生抢答：之。

师：同桌一起辨一辨"之"的意思。（课件出示，同桌讨论）

①诸儿竞走取之。

②人问之。

③取之，信然。

生：第二个"之"的意思是王戎，小伙伴们都一脸疑惑，都跑过去问王戎到底是怎么回事。

师：为你点一个大大的赞！你能联系上下文，理解得可真好。文言文里面有的时候就用"之"字来代替文章里面的人物。感谢你的一双慧眼，同时，也感谢简短的课文。感谢课文最好的方式就是朗读。咱们捧起书一起美美地读一读。

（学生捧书，齐读课文）

生：第一个"之"的意思是李子，大家跑过去摘李子。

生：第三个"之"的意思也是李子，摘了李子一尝，果然是苦的。

师：联系上下文，慢慢去推测。这爱捉迷藏的"之"一定能被我们发现。精练的语言，精彩的故事，精妙的"之"字，都藏在课文里面呢，我们共同读读课文。

（学生齐读课文）

师：读书，好比寻宝，妙趣无穷。俄国大文豪列夫·托尔斯泰就不仅善于读书，还博闻强记，堪称过目不忘。别人问他，你有什么特异功能吗？托尔斯泰哈哈一笑，我的秘诀就是坚持每天做"记忆力体操"。
（课件出示托尔斯泰的名言）

背诵是记忆力的体操。

——[俄国]列夫·托尔斯泰

师：咱们一起也做做记忆力体操吧！

（学生自由练习背诵）

师：谁来勇敢地试着背诵，老师给他一点点提醒。

（课件出示）

王戎七岁，尝与_____。看道边李树_____，诸儿_____，唯戎不动。人问之，答曰："树_____，此必_____。"取之，信然。

（一女生根据镂空试背，基本能够背诵下来）

师：真是个巾帼小英雄！读书就像是和朋友见面，每见一面，记忆加深一次，以致终身难忘。咱们继续！

（课件出示）

王戎七岁，尝与＿＿＿＿＿。看＿＿＿＿＿，诸儿＿＿＿＿＿，唯戎不动。人问之，答曰："＿＿＿＿＿，＿＿＿＿＿。"取之，信然。

（一男生背诵，能够熟练背诵）

师：一遍总比一遍好，每次都有新进步。善于观察的王戎，精致凝练的文言，随着我们的背诵正在走近我们的身心。

（课件出示）

王戎不取道旁李

师：这就是道旁苦李的故事。或许有一天，我们看到了这句话（课件出示）

疑是思之始，学之端。

——孔子

会不由自主地想起道旁苦李的故事来。

（学生自由背诵）

师：精练的文言，灿烂的文化，值得我们好好追寻。下课。

总 评
以读为始终，向文化迈进

丁老师执教《王戎不取道旁李》，是统编版小学语文四年级上册的一篇文言文，讲述了魏晋"竹林七贤"之一的王戎小时候善于思考、冷静推断的故事，同时也是统编版小学语文教材中呈现的第四篇文言文。丁老师的这节课，呈现了一种简约的教学风格，教学过程始贯穿"读"——读通、读顺、读悟、读诵：

初读——读正确

第一板块"用声音抚摸文字"，丁老师带领学生从题目中的"戎"入手，顺藤摸瓜，引出汉字的无穷魅力。借助学生自由读、检测读、展示读、指导读，读准字音、读好停顿、做出标记等方法，体现文言文教学中的"读"，感受文言文独特的节奏和韵律，边读边找到停顿的感觉，边读边疏通文言文的篇章句读，学生就对文言文的内容有了一个总的认识与理解，既培养了学生朗读课文的能力，对文章有了初步的感性认识，也为理解文言文奠定了一定的知识基础，正如"书读百遍，其义自见"。

悟读——读文化

第二板块"用思考润泽文化"，丁老师从"学贵有疑，王戎为何不取旁李"入手，学生默读思考，并借助教师的范读激发学生闭目想象，学生在辨析中进一步明晰"唯戎不动"，不动的是身体，动的是脑筋，冷静沉着、巧思释疑的王戎形象跃然纸上，引出"为学患无疑，疑则有进"的文化思想内涵。

诵读——读发现

第三板块"用背诵致敬文言"，丁老师从"走""少女"带领学生发现"古今异义"，寻找规律；联系上下文，慢慢推测三个"之"的不同含义，借助提示、板书等进行"记忆力体操"，学生背诵水到渠成，进一步体会文言文的内在意蕴，积累了一定的文言文方面的语言，为进一步学习文言文打下良好的基础。

纵观丁老师执教的这节课，可以看到，课堂上"读"真实发生。"文章不厌百回读，熟读深思子自知"，新课标指出：第二学段对于古诗文的要求是：诵读优秀诗文，注意在诵读过程中体验情感，展开想象，领悟诗文大意。诵读是学生学习古文的主要途径，是通向文言文世界的路径，丁老师的课堂以"读"贯穿始终。初读读准字音，二读指导学生划节奏朗读，读出古文的韵味，三读读出古文门道。读正确、读文化、读发现；带着指导读，带着感悟读，带着思考读；"读顺"，在组织读中扫清生字、读准停顿，形成语感，初步理解课文内容；"读通"，把好翻译关；"读懂"在问题的引领下逐步探究课文内容，表达方法，突出语言特点和写作技巧。这样的"读"不走形式、不走过场，指导是循序渐进的，学生朗读水平的提高是螺旋上升的，有助于激发学生学习兴趣、形成语感、感受中华传统文化的魅力。诵读是学习的重要手段，尤其适用于古诗文、文言文的学习，当学生能够通过朗读感受到文言文独特的表达方式，理解也就是水到渠成的事了。

文言文教学既要尊重学生的自身感受，还要结合具体的教学内容和学生实际，采用灵活多变的教学模式，选取精当的教学策略，创设轻松愉悦的教学情境，教给学生学习方法，使其乐学、会学，全面提高学生的语文素养：遵循通读课文，读中自悟；划出节奏，初步理解；对照注释，解释文句；相互交流，深化主题；熟读背诵，积累语言；改写全文，知识延伸。由表及里，由浅入深把一篇文言文的内容、实质弄懂、学会，同时，还受到了思想的教育、感情的升华，完成教学目标。方法之间并不是孤立的，也不应机械应用，只有灵活把握才会取得更好的教学效果。

中华文化博大精深，文言文凝聚了中华民族最宝贵的人文精髓。学习文言文，是对中华文化最直接的传承，有其独特的教学价值。文化价值：五千年来，中国文化虽历尽沧桑，却绵延不绝，其内涵丰富多彩、博大精深，文化成就得到完整而有序的保存，靠的就是文言，学习文言文，是学生接触传统文化的起点，这将为他们以后进一步认识了解并热爱祖国文化打下基础，并对其一生的文化素养的形成起到非常关键的作用；教育价值：从短期效应看，有助于提高学生对一人一事的思想认识，从长期效应看，有助于加强其道德修养，树立民族自信心，增强社会责任感，从而塑造完美人格；艺术价值：古今汉语一脉相承，二者是"源"与"流"的关系，既有差异性，又有着千丝万缕的联系。学习汉语不能无视古今汉语的血缘关系，文言文的教学可以收到探本溯源之效，察古知今，从而进一步丰富与发展现代汉语；另外，学习文言文还有助于克服"语言断层现象"。现代汉语要发展，就需要继续从古代汉语中去提取养料，吸纳其中仍然鲜活的文化因子。

丁老师执教的《王戎不取道旁李》课例，用扎实的基本功、精准的解读力，有效、高效地落实了本单元的人文主题目标和语文要素学习，带着学生了解了王戎这个历史人物，是"多子折枝"，是"竞相快乐"，是知识学习，更是文化习得。

⑱ 文言文二则

囊萤夜读①

　　胤恭勤②不倦，博学多通③。家贫不常得油，夏月则
练囊④盛数十萤火以照书，以夜继日焉。

注释
① 本文选自《晋书·车胤传》。
　 囊，用口袋装。萤，萤火虫。
② 〔恭勤〕肃敬勤勉。
③ 〔通〕通晓，明白。
④ 〔练囊〕白色薄绢做的口袋。

76

《文言文两则之囊萤夜读》教材解读

青山横北郭，白水绕东城

"晨昏滚滚水东流，今古悠悠日西坠。"就在这水无声东流、日悄然西坠之际，学生的认知能力正逐步提升。在成长之路上，位于四年级下册的《文言文两则》一课，和学生不期而遇了。这一课编排的是两篇文言文，这样的安排不仅是学生的首次接触，也是教师的第一次遇见。对学生学习文言文和教师教授文言文来说，是一次机遇，也是一次挑战。

为了更好地带领学生走近文言文，我们有必要对文本做深入的解读。《囊萤夜读》是本课的第一篇文言文。文章讲的是车胤勤奋好学，博学多才。他因家里贫穷，不能经常得到灯油照亮书本。夏天的夜晚，车胤就把萤火虫装进袋子里，用荧光照亮书本，夜以继日地学习。

这篇文言文内容浅白，主题鲜明得一望而知——车胤"恭勤不倦"。正因为车胤的勤学，所以才"夏月则练囊盛数十萤火以照书"，主人公的这一行为恰好将"囊萤夜读"具体化了。

我们常说有因必有果，有果必有因。如果说车胤"恭勤不倦"的性格特点是"因"，那么，"夏月则练囊盛数十萤火以照书"则是果。正所谓内在的性格特点决定外在的个人行为。现在让我们放慢脚步，好好端详一下这个句子。

"夏月"点明了时间。说起夏天，我们的脑海里是否浮现出这样的词语："骄阳似火""烈日炎炎""酷暑难耐"……虽说车胤读书应是在夏夜，但白天太阳的余威加之蚊虫的叮咬无不是对意志的考验。抓住"夏月"这个词想开去，就能带给我们丰富的想象和多样的体验。从而让我们能够以词语为思维的起始点与支撑点，打开新的画面，"看见"新的世界。

"练囊盛数十萤火以照书"，用萤火虫来照明，这估计连萤火虫都没有想到，多么不可思议，多么神奇！在我国历史上，勤学的故事多如牛毛，有映雪读书的，有凿壁偷光读书的，有头悬梁锥刺股的，比比皆是。车胤，恭勤不倦，穷极思之，终于想到把萤火虫装进囊中用来照明。他的这种刻苦勤学的精神赢得了后世的敬仰，"囊萤夜读"成了勤学的标志，"如囊萤，如映雪，家虽贫，学不辍"成了后世流传的故事。《庄子·至乐》篇记载："夫贵者，夜以继日，思虑善否。"《孟子·离娄下》篇亦有载述："仰而思之，夜以继日。""夜以继日"地思考，"以夜继日"地勤学，感染并感动着一代代中华儿女。

"夏月则练囊盛数十萤火以照书"，我们读着这个长句子，除了借助字词还原画面、感受车胤强烈的求学意志而终想出办法照明之外，"以照书"的"以"也能带给我们启发。众所周知，今天的汉语从古代传承而来。表示方式或目的的"以"就带着历史的烙印汇入了今天的语言长河，持之以恒、动之以情、相濡以沫……都在讲述着汉字悠久的故事。

纵观整篇课文，我们不得不为祖国的语言感到骄傲。短短的两句话，藏着故事，藏着起伏，藏着画面。一叶知秋，滴水藏海。学生接触如此精美的语言，识人物、知精神、增能力、冶情操，一切尽在其中矣。

好书不厌百回读，熟读深思子自知

——统编版教材四年级（下）第22课《文言文二则》之《囊萤夜读》
教学实录与评析

点评：王长涛　东莞市王长涛名师工作室主持人　特级教师
单位：广东省东莞市南城阳光第二小学

【教学目标】

1.正确流利地朗读课文，准确认读"恭 勤 焉"，会写"囊 萤"等生字；

2.借助注释等方法，理解文章的意思；

3.背诵课文，体会其中蕴涵的道理，增强学习文言文的兴趣。

【教学过程】

第一版块　以读为匙稳起步

师：同学们，我国的古代文化典籍都是用文言写成的。今天，我们一起学习第22课《文言文二则》的第一则《囊萤夜读》（课件出示课题，学生齐读）。"囊"是个象形字，大家请看：（出示"囊"的甲骨文写法 ）

大家看"囊"的甲骨文，根据图片猜一猜像什么？

生：最外面的边好像一个盛东西的盆子。

生：我猜最外面的边也像个盆子，里面盛的是木头。

师：是的，上半部分是一个"木"字，你真是好眼力！下面是贝壳，贝壳和木头放在同一个东西里面。图片暗示了字的意思。"囊"字经过演变，成了我们今天看到的字形：（出示"囊"字的演变）

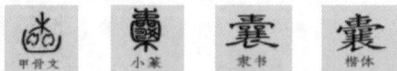

师："囊"字笔画多，不容易书写，但是，"囊"就出现在我们身边。谁有发现"囊"的身影？

生：妈妈送给我一个香囊，里面都是花瓣，闻起来特别香。（板书：香囊　学生书空）

生：我有鼻炎，所以，床上放了一个药囊，里面装的是药粉。（板书：药囊　学生书空）

师：认真倾听的同学一定听出来了，不管是花瓣还是药粉，他们都装在囊里面。那么，囊的作用就是什么呢？

生：盛东西的。

师：如果把米装入囊中，那就是——

生：米囊。

师：如果把贝壳装入囊中，那就是——

生：贝囊。

师：如果把萤火虫装入囊中，那就是——

生：萤囊。

师：大家聪明伶俐，一点就通。不管是香囊、药囊，或者是萤囊，说的都是一个盛东西的物品。正是车胤把萤火虫装入囊中，所以，才能夜读。现在请大家放声朗读课文，遇到难读的地方，请多读几遍。（学生自由朗读课文）

（点评：开课伊始，丁老师就紧紧抓住"囊"字不放，体现出明确的目标意识。明确目标，更要达成目标。教师通过出示"囊"的甲骨文，激发学生兴趣，了解字源，暗示字意，又联系生活，将字形复杂的"囊"字变得熟悉，增加了温度，降低了难度。）

生："夏月则练囊盛数十萤火以照书"，这句话太长了，很难读。

师：我们学习现代汉语，遇到长句子的时候，是怎么办的？

是：要断句，注意停顿和节奏。

师：这个办法对我们学习文言文同样有用。谁来试着读一读？

生：夏月/则/练囊盛数十萤火/以照书。

生：夏月/则/练囊盛数十萤火/以照书。

师：两位同学的停顿不谋而合。说说你们各自的想法吧。

生：我是凭感觉的。（该生忍不住笑）

师：神奇的感觉啊，你的功夫了不得！（对另一生）说说你的依据吧！

生：我是根据大致的意思猜的。

师：一个蒙，一个猜，连蒙带猜，恭喜你们停顿正确。（学生大笑并鼓掌）这就是老祖宗的文言文的神奇之处。带着这样的欣喜，我们再读读课文，并思考课后问答题的第三题。（学生再次朗读课文）

（点评："神奇的感觉"不是空穴来风，而是学习的积累与生活的积淀使然。依靠理性的分析也不是无根浮萍，而是能力的增长与质的提升。难得的是，老师能够泰然处之，理解学生，尊重学生。这样做无疑是在告诉学生课堂就是畅所欲言的地方，就是身心舒畅的天地，由此，学生的兴趣才能被激发，心才能被唤醒。）

第二版块　以法相授助理解

师：请听老师读，把老师读出重音的字圈起来。（老师读课文）谁来说一说自己圈画的词语，我们一起核对一下？

生：倦、通、贫、夜、继。

师：请看课后问答题的第三题。

生："贫"的意思是"贫困""贫穷"。

生："弃"的意思是"放弃"。

师：倦，疲倦；贫，贫穷；弃，放弃。它们一起出现的时候，老师相信大家一定有新发现！

生："贫"的意思是"贫穷"，就像给它组词一样。

师：大家有同感吗？（学生点头表示赞同）这和我们平时理解词语的方法是一样的啊。这种方法就是组词法。现学现用，理解一下"夜"和"继"。

生："夜"是"夜晚"的意思。

生："继"是"继续"的意思。

（点评：苏霍姆林斯基说："在我看来，教给学生能借助已有的知识去获取知识，这是最高的教学技巧之所在。"学习的快乐绝不仅仅是被动获得知识的快乐，更是自己主动发现的快乐。老师不越俎代庖，引导学生发现"组词法"这个理解文言文的小窍门，并举一反三，尝试运用。）

师：运用组词法再结合注释，同桌之间互相说一说对课文的理解。（学生同桌之间互相说说对课文的理解）

师：《囊萤夜读》只有两句话，咱们就请两位同学谈谈自己的理解。

生：车胤勤奋好学，懂得很多知识。

生：他家里很穷，有时候家里连灯油都没有。夏天的时候，车胤就把萤火虫装在囊里面来照亮，从早到晚地读书。

师：都说外行看热闹，内行看门道。这短短的两句话，你看出了什么门道？

生：读了第一句话，我知道了车胤是一个认真学习的人。

生：车胤学习很勤奋，可是，他家里穷，没有灯油夜里就不能读书了，所以，他就用萤火虫来照明。

师：是啊，有了勤学的性格，才会积极想办法，多多利用时间读书，于是，"囊萤夜读"就成了勤学的标志。

（点评：学习的过程是一个螺旋上升的过程。丁老师在教学的时候总是善于做好铺垫，适度延伸上一环节的内容，作为下一环节的起点，环环相扣，犹如古诗中的顶针一般，知识的生成似水到渠成，自然而然，给人美的享受。）

第三版块 以文相较明事理

师：我们一起放声朗读，在朗读中感受车胤的恭勤不倦。（学生齐读）

师：有句话说得好，有志者自有千方百计，无志者只感千难万难。车胤就是一个立志求学、想方设法读书的人。老师相信我们新时代的小学生同样能开动脑筋，迅速地背诵课文。大家开始练习背诵吧！（学生练习背诵，时间约三分钟）

师：哪位勇士第一个背诵？

生：胤恭勤不倦，博学多通。家贫不常得油，夏月则练囊盛数十萤火以照书，以夜继日焉。（该生背诵熟练）

师：此处应该有掌声。（学生鼓掌）老师看到大家自信的眼神，相信很多同学都能背诵了，咱们就一起背诵吧。（学生齐背，声音响亮）

师：凝练的语言，感人的故事，赢得了很多人的喜爱，于是就有人把这个故事制作成了动画，我们一起尝试为动画配上音。（学生边看动画边配音）

（点评：学习的方式千千万，但只有引发学生兴趣、引起学生共鸣的方式才是首选。在这个片段中，丁老师采用为动画配音的方式很受学生欢迎。这样了无痕迹的方式，让学生感觉不到自己在学习，学习却已真实发生。）

师：生动的画面，用心的配音，一个勤学的动画故事就诞生了。说起勤学的故事，我们还知道哪些呢？

生：凿壁偷光。

生：苏秦刺股。

生：孙敬悬梁。

生：闻鸡起舞。

师：每一个故事都是一个传奇。现在，我们一起走进《孙敬悬梁》的故事。（课件出示，学生齐读）

（点评：师生间看似随意的对话，既拓展了知识，又开启了新篇。）

孙敬字文宝，好学，晨夕不休。及至眠睡疲寝，以绳系头，悬屋梁。

师：说说孙敬是一个怎样的人？

生：孙敬是一个"好学"的人。

师：是的，我们一读就能发现。人不是机器，总会感到疲劳，累了的时候孙敬是怎么做的？

生：以绳系头，悬屋梁。

师：古代的男子是留长发的，用绳子系住头发，打瞌睡的时候，头一垂下来，头发就被拉住了，人就痛醒了。如此勤学，令人钦佩，咱们带着这份钦佩再来读一读这凝练的文字。（学生齐读）

师：比较是一种有效的学习方式。请静心默读，把《囊萤夜读》和《孙敬悬梁》的故事比较一下，看看会有什么发现。（学生静心默读比较）

生：车胤和孙敬都很勤学。

师：何以见得？

生："胤恭勤不倦，博学多通。"所以，车胤是个勤学的人。"孙敬字文宝，好学，晨夕不休。"孙敬也是个勤学的人。

师：有理有据，才能令人信服。

生：车胤家里穷，他是用萤火虫的光来读书。

生：孙敬的办法和车胤不一样，他读书的时候，是把头发悬在梁上。

师：你们的发现就像哥伦布发现了新大陆一样，看来，比较的方法可真不错啊！他俩的做法虽然不同，但是，那份对学习的热爱、对学业的追求是一样的。同学们，让我们在朗读声中复活这流传千年的感人故事。（学生齐读《囊萤夜读》和《孙敬悬梁》的故事）下课！

（点评：我们常说"授之以鱼，不如授之以渔"，"渔"不会凭空长出来，它需要土壤。老师在课堂上适度拓展，运用比较，引导发现，就是生长"渔"的沃土。）

总　评
让学习自然发生

我们都说课堂是学习的主阵地，学生只要身在课堂就是在学习，可事实并非如此。如何让学习真正发生，是我们教师一直在思考的问题。丁老师的这节课，给了我们一些启发。

一、让学生主动发现

在课堂上，有的老师热情似火，总想给学生更多，不知不觉越了位，把学生该干的活给干了，越俎代庖。这样做的后果，从近期来说是学生成了容器，一直在接收老师贩卖的知识；从长远来看，学生失去了学习的动力，明明有手有脚有大脑，却无用武之地，滋长惰性，弱化了学习能力。

在《囊萤夜读》一课的教学中，丁老师善于"让"。以"囊"字为引线，把学生带到生活的广阔天地，让学生去发现"囊"的踪迹；抓住古今意义相近字，让学生去发现学法，找到窍门；在拓展环节，老师引而不发，鼓励学生去比较，文章的异同、人物的性格、暗含的道理渐次水落石出。老师在课堂上的"让"，"让"出了舞台，"让"出了兴趣，"让"出了精彩，"让"出了学生的自我价值。

二、让学习自然发生

什么是学习？《现代汉语词典》给出的解释是：从阅读、听讲、研究、实践中获得知识或技能。百度标注，学习是一种使个体可以得到持续变化的行为方式。再看《辞海》对学习的解释："个体经过一定练习后出现的，并且是后天习得的能够保持一定时期的某种变化。是个体在适应环境过程中，心理上产生的适应性变化过程。"

纵观不同的定义，我们发现让学习发生是有条件的，是一个复杂的过程。这些条件和过程，简而言之，就是让学生发现。

在这节课上，我们欣喜地看到老师退居幕后，学生站在了课堂的中央。他们大声地朗读、快乐地背诵、开心地分享，哪怕说错了，老师给予的依然是微笑着的鼓励，如水般的包容，正是"草木有情皆长养，乾坤无地不包容"。我想学生能在课堂上感受到安全、放松，增加知识、提升能力、增添信心，学习自然是水到渠成。

三、让素养得以发展

《语文课程标准》（2022年版）明确指出："语文课程致力于全体学生核心素养的形成与发展。"核心素养的四个方面（文化自信、语言运用、思维能力、审美创造）是一个整体，丁老师在这节课上，落实很到位。

有人说我们教师要有三种眼光，一要有教师的眼光，二要有专家的眼光，三要有儿童的眼光。我们要读懂学生，就必须站在儿童的立场上。只有心中有学生，才能够尊重差异，因学定教，顺学而导，才能够有底气面对课堂上五花八门的答案。在指导学生读好停顿环节，学生说自己读对了靠的是"感觉"，蒙对了，这是多么离奇又合理的答案。说它离奇，那是因为在那么多双眼睛的注视下，这个孩子居然敢这样回答；说它合理，那是因为日日熏习让他有了感觉，这感觉就是神奇的灵性、敏锐的悟性，如此飘忽难以言说，就成了学生口中的"感觉"。

我们知道《囊萤夜读》文本很短，只有两句话而已。可是，我们却发现如此短的篇幅里面藏着故事，含着因果，联系紧密，逻辑严密。在教学时，丁老师带着学生感受和体会，巧渗透而不点破："是啊，有了勤学的性格，才会积极想办法，多多利用时间读书，于是，'囊萤夜读'就成了勤学的标志。"

"兴趣是最好的老师"，被认同是最好的学习动力。在课堂上，让学生学习而不自知，靠的就是趣味的激发和感情的融入。为了实现这一目标，使用陌生化的办法或许是一个手段。美国加州大学医学院教授杰圭因·弗斯特说："只有当预料之外的情况发生时，或者发生的事情不明确时，我们才可能有意识地付诸关注。"一切都在预料之内，我们的思维是调用以往的经验习惯性去应对。此时，学习不会发生。只有当我们遇上未知的情境时，学习才有可能发生。

让学生主动发现，方能让学习自然发生。在前二者的基础上，才能实现我们的终极目标——让学生的语文核心素养得以发展。诚然，课无完型，教无定法，语文的课堂教学永远需我们不断探索。

铁杵成针^①

磨针溪，在象耳山下。世传李太白读书山中，未成，弃去。过是^②溪，逢老媪方^③磨铁杵。问之，曰："欲作针。"太白感其意^④，还卒业^⑤。

注释

① 本文选自宋代祝穆的《方舆胜览·眉州》。铁杵，用来舂米或捣衣的铁棒。
② 〔是〕这。
③ 〔方〕正在。
④ 〔感其意〕被她的意志感动。
⑤ 〔还卒业〕回去完成了学业。

恭　勤　焉　卒

囊	萤	恭	勤	博	贫	焉	逢	卒

◎ 正确、流利地朗读课文。背诵《囊萤夜读》。

◎ 借助注释，理解课文中每句话的意思。

◎ 照样子，根据课文内容填一填。

> 用这样的方法，我能更好地学习文言文。

◇ 胤恭勤不倦。（疲倦）

◇ 家贫不常得油。（　　　）

◇ 世传李太白读书山中，未成，弃去。（　　　）

77

133

《文言文两则之铁杵成针》教材解读

此中有真意，欲辨已忘言

　　《磨杵成针》是本课的第二篇文言文，讲述的是少年李白读书山中的故事。李白在山中读书，"未成，弃去"，遇见老婆婆磨铁杵。老婆婆把铁杵磨成针的坚定意志感染了李白。于是，李白返回山中，继续学业。

　　众所周知，统编本教材是按照语文要素进行组元的。本单元的语文要素是"从人物的语言、动作等描写中感受人物的品质"。人物的品质潜藏在一言一行当中。通过对比不难发现，《囊萤夜读》和《铁杵成针》都在刻画主人公的勤学。不同的是，《囊萤夜读》开门见山地交代车胤的性格特点——"恭勤不倦"，而《铁杵成针》则显得欲言又止，把李白的年少焦躁暗含在简简单单的"未成，弃去"中，把李白的幡然醒悟、痛下决心刻苦攻读隐藏在不声不响的"太白感其意，还卒业"内。在刻画人物性格特点方面，《铁杵成针》的引而不发反而更能扣住读者的心弦，在起伏跌宕的情节变化中，吸引读者明心张目，找寻蛛丝马迹。两篇文章，主题一致，表现方式却一隐一显，一明一暗，彼此参读，相得益彰。

　　要想将两篇文言文彼此参读，那就必须做好充足的准备。首先，"趣"字当先。因为"古往今来人们开始探索，都应起源于对万物的惊异"。小学阶段，学生正处于好奇心旺盛的时期。在好奇心的驱使下，学生乐于发现，乐意探索。处于四年级的学生，亦具备了一定的语文学习能力和文言学习基础。教师利用这一心理特点和认知基础，带领学生利用已知探究未知，在推测猜想中体验学习的快乐。因为学习不是由教师把知识简单地传递给学生，而是由学生自己建构。这种建构是无法由他人来代替的。学习意义的获得，是每个学习者以自己原有的知识经验为基础，对新信息重新认识和编码，建构自己的理解。在这一过程中，学习者原有的知识经验因为新知识经验的进入而发生调整和改变。所以，教师要遵循如何以原有的经验、心理结构和信念为基础来建构知识的客观规律。

其次，"读"占鳌头。入选小学课本的文言文大都浅显易读，即使有罕见的冷僻字，编者也一定贴心地注了拼音，以辅助学生朗读。作为即将迈进高年段的学生，在文言朗读方面不能仅仅停留在读通读顺等方面的指引与要求，还要逐步掌握一定的朗读方法。在文言朗读方面，我国的先贤大哲们进行了深入而细致的研究，留下了灿若繁星的金玉良言。比如苏轼强调多读自明："故书不厌百回读，熟读深思子自知。"朱熹先生细致入微地叮嘱后生读书之法："凡读书，须要读得字字响亮，不可误一字，不可少一字，不可倒一字，不可牵强暗记，而是要多读遍数，自然上口，永远不忘。"苏轼和朱熹先生的话无疑给学生的朗读提供了方法和方向。

接着，浅尝辄止适理解。学生学习文言文，总会有一种"隔"的感觉，觉得课文是用文言文写成的，不翻译成当今的白话文就难以理解，加之老师翻译时教学策略的失当和理解程度的失控，扭曲了文言文教学的本来面目，更加剧了学生的畏难情绪。其实，在突破文言理解的教学中，老师们尽管放宽心好了，虽然是古代的文言，但毕竟是一脉相承的母语，就像钱梦龙老师说的那样："凡老师可以放手的地方，尽量放手让学生自己阅读，自求理解，老师只在关键处作些指导、点拨，着眼于培养学生的独立阅读能力。"

最后，广积薄发。这里的"广积"指的是积累语言，积淀语感。《语文课程标准》指出：语文课程应激发和培育学生热爱祖国语文的思想感情，引导学生丰富语言积累，培养语感等。作者意欲抒发的情味都蕴含在一字一词当中，只有学生形成了对语言文字灵敏的感觉，才能目视文字，心通其意。所以，叶圣陶先生说："文字语言的训练，我以为最紧要的是语感训练，也就是对语文的敏锐感觉。"吕叔湘先生也说："语文教学的首要任务就是培养学生多方面的语感能力。"两位教育前辈的话不谋而合，指引着我们后来者为之努力。

面对一篇篇文质兼美的文学作品，我们肃然起敬。因为凡是出色的文章或作品，语言文字必然是作者的旨趣的最贴切的符号，作者的努力即是从旨趣到符号，读者的努力自然是从符号到旨趣。这"努力"就是读，正所谓"操千曲而后晓声，观千剑而后识器"。

关于读，清人唐彪深有感触："文章读之极熟，则与我为化，不知是人之文也，我之文也。作文时，吾意欲所言，无不随吾所欲，应笔而出，如泉之涌，滔滔不竭。"这样的读，"我"与"文"化而为一，积淀语感和积累语言自是水到渠成。

缘溪而行，以文化人

——统编版四年级（下）第22课《文言文二则》之《铁杵成针》
教学实录与评析
点评：吉春亚 特级教师

【教学目标】

1.正确流利地朗读课文，会写"逢 卒"等生字；

2.结合注释，理解文章的意思，读懂课文；

3.背诵课文，感受李白的变化，感受文言的特点。

【教学过程】

第一版块 临溪而望 一顿一挫读出味

师：同学们，我们中华民族的文化典籍都是用文言写成的。今天，我们一起学习一篇文言文，请和老师一起板书课题——铁杵成针（教师板书，学生书空）请齐读课题。

师：把课题读准确，这是对我们的基本要求。能够从课题中读出思考，这是我们追求的目标。说说你们的发现吧。

生：看了注释，我知道了铁杵是用来舂米或捣衣的铁棒。

师：能自觉看注释，四年级的孩子要有这份意识。"铁棒"带给我们什么样的感觉？

生：很粗

生：很重，很大

师：那么，铁针呢，又让我们感觉到了什么？

生：细细的，小小的。

师：一个是"棒"，一个是"针"，读字音，品字意，带给了我们不一样的感觉。这就是文字的魅力。下面，请同学们打开课本，带着文字传递给我们的感觉，认认真真地把课文大声读三遍。（学生朗读课文，读完三遍方止）

师：谁来向大家展示自己的朗读，自信的孩子是敢于抓住机会的。

生读

师：每一个字音都读正确了，这就是字字清楚地读，特别是"还卒业"三个字，"还"是多音字，"卒"是本课的生字。现在，我们试着读出文章的节奏。

生读

师：参照标点对我们读出文章的节奏是很有帮助的。可是，文言文是我们祖国古老的文章样式，那时的文言文是不加标点的。大家试着想一想，古人该如何读出文章的节奏呢？

生：根据文章的意思读。

师：节奏的停与连，关系着句子意思的断与续。你猜得很有道理。

生：根据文章的情感读。

师：是啊，写文章就是用笔来表达自己的内心情感。如果内心的情感像一条小溪，缓缓流淌，我们要读得——

生：慢，悠长，适当地拖音。

师：如果内心的情感像奔腾的黄河，飞流直下，我们要读得——

生：快，干脆，果断。

师：懂得了这一点，即使我们面对不加标点的文言文，也可以试着读出文章的节奏。（出示不加标点的文本，学生再读）

师：朗读是我们走进文本的特有方式，面对课文"铁杵成针"的图画，我们再来读一读。（出示故事图，学生齐读）

师：读着读着，我们仿佛来到了磨针溪边，文字里讲述的故事正顺流而下，向我们走来。

第二版块　缘溪而思 一舒一缓品墨香

师：大家的朗读，一步一步，渐入佳境。为此，老师特意奖励大家玩一个游戏，游戏的名字就叫"对号入座"。请看游戏规则：（课件出示游戏规则）

1.利用自己掌握的学习方法，认真思考划线字的意思；

2.对照备选项A和B，选出正确的答案。

课件呈现题目，请学生参与游戏：

1.世传李太白读书山中。

A.世世代代相传　B.在世界上传播

2.未成，弃去。

A.从一个地方到另一个地方　B.离开

3.问之，曰："欲作针。"

A.没有什么用处　B.指老妇人

4.太白感其意，还卒业。

A.完成　B.小兵

师：同学们，参与游戏，让我们感到快乐，懂得文章讲了什么内容，让我们增加了对文章的了解。现在，老师把《铁杵成针》的故事分散在四幅图画中，请大家仔细观察图画，为它们配上合适的文字。（课件出示四幅图画，学生认真观察）

师：准备好了吗？（课件分别出示四幅图画，学生配文）

第一幅：磨针溪，在象耳山下。

第二幅：世传李太白读书山中，未成，弃去。

第三幅：过是溪，逢老媪方磨铁杵。问之，曰："欲作针。"

第四幅：太白感其意，还卒业。

师：图画诠释文字，文字描述图画，二者相互结合，让我们仿佛看到清清的溪水边，年幼的李白和白发婆婆对话的情景。带着这份感悟，我们再来读一读文章。

师：读书就要读出画面。在刚刚的朗读中，你仿佛看到了什么画面呢？

生：我仿佛看到了小溪缓缓流淌的画面。

师：清清小溪，缓缓流淌，如诗如画，请你用朗读把我们带入这醉人的画面中。（学生读）

生：我仿佛看到了李白内心里非常纠结的画面。

师：拥有成功，谁人不想？读书不成功，无奈中放弃，李白的内心一定不好受，小溪似乎都在奏着一曲哀怨的歌。请你用朗读表达出李白内心的痛苦吧。（学生读）

生：我仿佛看到了老婆婆磨铁杵的画面。

师：铁杵铁杵，长而且粗，何日铁杵磨成针，付出功夫何其深！请你用朗读再现这份坚定的决心、顽强的毅力。（学生读）

生：我仿佛看到了李白刻苦读书的画面。

师：心无杂念清如溪，潜心读书收获丰。请你用朗读传递出李白心底里的坚决。（学生读）

师：一串串跳动的情感都隐藏在一个个鲜活的文字里面，我们读书就要读懂文字里藏着的意思。有时候，作者故意和我们玩游戏，把文本信息省略了，比如：（课件出示）

太白感其意，还卒业。

这句话中，省略了什么呢？

生：李白究竟明白了什么？

师：是啊，李白究竟明白了什么，文章用一个简简单单的"其"字代替了。请大家想一想，写下来。（学生安静思考，动笔书写）

生：铁杵那么粗，什么时候才能磨成细细的针啊！那就只有坚持，坚持才能胜利。

生：一个白发苍苍的老婆婆竟然想把铁杵磨成针，这样的毅力打动了李白。

生：把铁杵磨成针绝对不是一件容易的事，需要付出很多很多，付出了才会有回报。

师：原来看起来简简单单的"其"字，实际上却包含着丰富的内容。使用省略的手法，是文言文中特有的现象，今后大家多多留意。

第三版块　怀溪而卧　一曲一折滋味长

师：刚刚我们补白了文章省略的内容，大家说出来的一字一句都仿佛把我们带到了磨针溪边。潺潺流淌的小溪，因为有了李白的故事而拥有了一个独特的名字——磨针溪。（课件出示）

磨针溪，在象耳山下。

师：这句话虽是文言，却通俗易懂得很。谁来用现在的话说说它的意思？

生：在象耳山下，有一条磨针溪。

师：当我们把这两句话放在一起比较的时候，你有什么发现？

生：说的意思是一样的，但是，句子的顺序不一样。

师：是啊，古人颠倒顺序有什么特别的用意吗？

生：表达习惯不一样。

师：是的，和当时人们的表达习惯会有关联的。和作者想要表达的意思，有没有关联呢？我们在学白话文的过程中，也有一些作者借助特殊的语言形式表达自己的心中所想的。

生：我们学过的《走月亮》这篇文章，有这样一句话："啊，我和阿妈走月亮。"这句话出现了三四次。

生：《呼风唤雨的世纪》这篇文章使用了设问句的方式开头。

师：是的，特殊的表达形式传递着作者内心里特殊的情感。作者就是把介绍的对象特意放在前面说，来突出它的重要性。磨针溪和自然界里的溪流有什么不一样呢？

生：自然界的溪流很多的，李白不一定都去过那里。

生：磨针溪本来也是一条普普通通的溪流，但是，李白在此读书，并有"磨杵成针"的故事流传到今天。

师：看来是李白和磨杵成针的故事让这条平平常常的溪流有了文化内涵。文言就是这样，越嚼越有味。我们刚刚学过的古诗《墨梅》中，也有一个这样富有文化气息的地方，就藏在诗句当中，谁来说一说是哪句诗？

生：我家洗砚池头树，朵朵花开淡墨痕。——王冕《墨梅》（课件同步出示）

师：是啊，正是洗砚池。借此机会，我们了解一下洗砚池，请默读。（课件出示）

洗砚池，位于山东省临沂市砚池街，王羲之故居内。晋代书法家王羲之曾在此"临池学书"而"池水尽黑"。

师：文言文具有语言简洁的特点，你能仿照"磨针溪，在象耳山下"这样的句式，介绍一下洗砚池吗？

生：洗砚池，在临沂市内。

生：洗砚池，在羲之故居内。

生：洗砚池，在砚池街上。

师：一座洗砚池，一条砚池街，包含着浓浓的文化气息。在我们祖国辽阔的土地上，这样的地方还有很多。比如说，治水的大禹，请看大禹治水的故事：（课件出示 学生朗读）

舜用禹治水，禹开九州，通九道，陂（音bēi，修筑河岸）九泽，度（音duó）九山。疏通河道，因势利导，十三年终克水患。

师：在大家的朗读中，我们再次感受到了文言文语言简洁的特点。三过家门而不入的大禹，一心为民，广为传颂，我国就有一座城市用大禹的名字命名。（课件出示）

河南省禹州市，为纪念大禹这位上古明君而命名的城市，同时也是中国历史最悠久的城市之一，有华夏第一都之称。

师：请仿照"磨针溪，在象耳山下"这样的句式，介绍一下禹州市。

生：禹州市，在河南省内。

生：禹州市，在中原大地上。

师：你的知识真丰富，河南省正是地处中原。一个名字，一段历史，一川文化。分享了厚重的文化之后，我们再回到课文。这一课还有一个人同样立志求学。他就是——李白。（学生齐答）说说我们眼中的车胤和李白吧。

生：李白是个有毅力的人。

生：我不大同意你的看法。

师：哦，敢于质疑别人的想法，勇气可嘉，说说看。

生：李白最初是放弃了在山中读书的，后来，受到老婆婆磨铁杵做针的启发，才返回去继续读书的。

师：你同意吗？（面对第一个回答的学生，该生点头表示同意）只点头同意还不行，我们更想听听你的理由。

生：我说得不全面，听他一说，我马上就明白了。

师：所以说倾听就是学习，你在交谈中取得了新进步，恭喜你。话说回来，李白的性格有变化，车胤呢？

生：车胤的性格没有变化，一直都是很勤奋好学的。

师：这是这两篇课文的不同点。车胤的性格是怎样的？谁来用课文中的原句告诉我们？

生：胤恭勤不倦，博学多通。

师：开门见山，直截了当。相比较而言，文章在介绍李白的性格时，采用的是什么办法呢？

生：不直接说，是藏起来的。

师：多么调皮的作者，这一藏可了不得，把我们好奇的细胞都激活了。短小的文言看起来短，实际上大有乾坤。来吧，让我们一起在背诵声中再次感受文言文的独特魅力。（学生齐背，结课）

总　评
以情为基　以趣贯穿

课堂是师生精神和生命相遇的地方。每一次遇见都是唯一的不可复制的。所以，我们所上的每一节课都不是职业生涯中的课，而是生命中的课。听了丁老师的这一节课，我感觉到丁老师用情感染，用心交流，对教学做着努力的尝试与探索。

一、朗朗书声里有滋味

这节课，丁老师分三个版块次第展开：第一版块，临溪而望，一顿一挫读出味；第二版块，缘溪而思，一舒一缓品墨香；第三版块，怀溪而卧，一曲一折滋味长。朗读就像一根红线贯穿始终。

在课堂上，丁老师不仅常常鼓励孩子朗读，"谁来向大家展示自己的朗读，自信的孩子是敢于抓住机会的"。还渗透朗了读的方法："每一个字音都读正确了，这就是字字清楚地读"。"读书就要读出画面。"更用浅白的语言讲述着朗读的意义，"朗读是我们走进文本的特有方式"。如此倚重朗读、诠释朗读，是不可多得的。

对于我们学习语文而言，朗读是阅读的起点，是把文字转化为语言的一种创造性活动。我国宋代理学家朱熹非常明确地推崇朗读。他说："凡读书，需要读得字字响亮有力，不可误一字，不可牵强暗记。"而且要"逐句玩味""反复精详""诵之宜舒缓不迫，字字分明"。清代田兰芳所著《袁太学（袁可立孙）传》中也说："（袁赋谌）或宴会晚归，犹就座索茗，连啜朗读，尽一卷然后寝。"如此这般朗读，我们便可以深刻领会文本的意义、气韵、节奏，立体式地沉浸在朗读之中。

二、巧妙拓展中藏机智

我们知道语言的学习是实践性的学习，作为母语，学习的时间无时不有，学习的机会无处不在。可学习的路径必须在实践当中。明末清初思想家、教育家颜元说："心中醒，口中说，纸上作，不从身上习过，皆无用也。"在倡导大语文的今天，丁老师在课堂上的拓展拓出了一片新的天地。

第一处的拓展来自于洗砚池，是在现代文基础上的迁移。教者借由王冕的诗句引入洗砚池。在出示了洗砚池的资料之后，老师请学生根据"磨针溪，在象耳山下"的句式仿说，再用文化作结："一座洗砚池，一条砚池街，包含着浓浓的文化气息。"并循着文化的线索自然过渡到下一处拓展。

第二处的拓展来自于大禹，是在文言文基础上的迁移。大禹勤勉治水，"三过家门而不入"的故事家喻户晓。所以，大禹市的名称由来不言自明。

这拓展环节，如果说句式的练说是语言技能的实践练习，那么，其背后隐藏的则是文化的因子。"一个名字，一段历史，一川文化。"正是这林林总总的文化汇成了滔滔滚滚的中华文化长河。丁老师能从课文出发，追溯文化，实属难得。

三、互相参读里细比较

一课内容包含两则文言，犹如并蒂莲花有同有异。把两篇课文并置一处，横向比较，互为明镜，同异自显。在充分熟读和理解课文的基础上，学生很容易发现浅表的相同与不同。在老师的引导下，进而发现了深层次的表达秘妙。

如此参读，虽说不上是独创，但是，能够有这样的意识，乃至于大胆尝试的勇气，难道不是可贵的吗？史铁生腿有残疾，但他矢志不渝，最终，用笔蹚出了一条文学之路。我想只要我们老师"咬定青山不放松"，扎根课堂多实践，同样能蹚出一条路来。

四、多维评价下显多元

课堂上，理答时时发生，它既是一种教学行为，也是一种教学评价。这种师生之间的对话，不仅可以激发学生兴趣，调动学生学习的积极性，而且可以推动建立师生心理的相融，推动教学前进。著名特级教师孙双金就曾说："评价语言在教学上具有重要的地位，教师评价恰当与否，说小一点，关系到课堂气氛，教学效果；说大一点，关系到学生的终生发展，所以，应该给予足够的重视。"

在这节课上，我们可以发现丁老师在理答环节方面的用心。他的理答有时候是积极的鼓励，有时候是学法的授予，有时候欲擒故纵，有时候开宗明义，有时候像星火大有燎原之势，有时候如清风吹散迷雾，让人有"山重水复疑无路，柳暗花明又一村"之感。

课堂上的教学资源总是稍纵即逝的，能抓住转瞬即逝的机会借力使力，生成教学的精彩，是对每一个老师的巨大考验。面对考验，我们唯有苦练内功。一节好的课，并不是一节尽善尽美的课，而是师生相契走向文本的深处，向着文化不断跋涉的课。在路上，总会遇见精彩。

最后，和丁老师以及广大语文老师分享陆游的一句话："天下之事，闻者不如见者知之为详，见者不如居者知之为尽。"愿我们都能"居"于课堂之上，深深思索，默默躬行。

泻 鳞 惶 胎 履 哉

泻	潜	渊	鳞	试	胎	皇	履	疆

- 正确、流利地朗读课文，做到连贯而有气势。背诵课文。

- 结合注释说说课文的意思，再回答下面的问题。

  ◇ 课文用哪些事物来赞美少年中国？

  ◇ 少年中国和中国少年之间有什么联系？

- 和同学集体朗诵课文。

选 做

这篇课文诉说了一百多年前梁启超先生的强国梦想。结合今日之中国，你认为他的心愿实现了吗？和同学交流。

⑬ 少年中国说（节选）

故今日之责任，不在他人，而全在我少年。少年智则国智，少年富则国富，少年强则国强，少年独立则国独立，少年自由则国自由，少年进步则国进步，少年胜于欧洲则国胜于欧洲，少年雄于地球则国雄于地球。

红日初升，其道大光。河出伏流，一泻汪洋。潜龙腾渊，鳞爪飞扬。乳虎啸谷，百兽震惶。鹰隼试翼，风尘吸张①。奇花初胎，矞矞皇皇②。干将发硎，有作其芒③。天戴其苍，地履其黄④。纵有千古，横有八荒⑤。前途似海，来日方长。

美哉⑥，我少年中国，与天不老！壮哉，我中国少年，与国无疆！

注释

① 〔鹰隼试翼，风尘吸张〕鹰隼展翅试飞，掀起狂风，飞沙走石。隼，一种凶猛的鸟。

② 〔矞矞皇皇〕华美瑰丽，富丽堂皇。

③ 〔干将发硎，有作其芒〕宝剑在磨刀石上磨出来，发出耀眼的光芒。干将，古代宝剑名。硎，磨刀石。

④ 〔天戴其苍，地履其黄〕头顶着苍天，脚踏着黄土大地。

⑤ 〔八荒〕指东、南、西、北、东南、东北、西南、西北八个方向上极远的地方。

⑥ 〔哉〕表示赞叹，相当于"啊"。

本文作者梁启超。

52

149

《少年中国说》教材解读

臣心一片磁针石　不指南方不肯休

这是一篇气势磅礴的时文。

《少年中国说》是梁启超先生于1900年发表在《清议报》上的一篇文章。正所谓"文章合为时而著，歌诗合为事而作"，置身于历史的漩涡，不论是"为时"，还是"为事"，唤醒民众的历史重任落在了梁启超们的肩上。幸运的是，梁公锐意改革，义不容辞地担负起救亡图存的时代重任，那份对民族命运的深深忧虑，对改革自立的殷殷期盼，对中华少年的切切期翼，驱使着他拿起笔，写下了这篇气贯长虹的力作。

捧读《少年中国说》，你是否和笔者一样，被那喷涌在字里行间的气势和激情所感染、所震撼？当此时，国家混乱，时局动荡，列强四起，瓜分华夏，内忧外患，民不聊生。梁启超"铁肩担道义，妙手著文章"，正是心底里的那份赤子之爱成就了《少年中国说》的磅礴气势。

为了抒发这份爱，传递这份情，作者用心地选择表达样式。"故今日之责任，不在他人，而全在我少年"一句，开门见山，"不在他人"的坚决否定，"全在我少年"的无悔担当，字字如铁，掷地有声。接着，以"少年……则……"的句式，以排山倒海的气势，层层推进，环环相扣，生动地阐释着中国少年的历史使命和时代责任。作者言说胸中的希望，采用了排比的修辞手法，因为排比能贴切地抒发内心的情绪，此处，文章的内容和形式熨帖无隙。放眼全文，皆是如此，表达秘妙，理应授予学生。

扛起责任，更要看到希望，迈开豪迈的步伐，才能将希望变成现实。于是，作者放眼四海，横跨古今，择取鲜活的意象，织就光辉的壮锦：

初升的红日，蛰伏的河流，腾飞的潜龙，啸谷的乳虎，展翅的雏鹰，初绽的奇花，锋刃的宝剑……整个中华大地，都是少年大展拳脚的舞台，历史不会忘记每一个奋斗的足迹，时光必将铭刻每一个坚实的步履，正是"前途似海，来日方长"。

文中的任何一个意象都和少年的精神内涵心息相通。比如"红日初升，其道大光"一句中的"红日"，当你一读起这个词，那东方既白之际，一轮朝阳喷薄而出，天地间为之焕然一新的壮丽景象就立刻浮现出来。初升的太阳象征着什么呢？新生的太阳，光芒万丈，崭新的少年，豪情满腔；太阳的光华，照耀四方，少年的前程，灿烂辉煌。"红日初升"和"中华少年"之间不仅形似，更是神似。

随着一个又一个鲜活意象的叠现，"中国少年"的风神状貌愈加鲜活，锦绣前程愈加明晰，作者内心潮涌般的颂赞愈加沸腾，加之作者采用了四字一句、逢双押韵的表达样式，节奏明快，感情充沛，读来铿锵有力，振聋发聩。这样意气风发的少年岂不"美哉"！这样斗志昂扬的少年岂不"壮哉"！有了这样的少年，必将创造出一个簇新的中国！

这是一篇针砭时弊的檄文。

檄文，即声讨的文告。声讨谁？为何声讨？在愤悱之时，请学生打开自己搜集的资料，走进那段风云激荡的历史。此举和本单元的语文要素"结合资料，体会课文表达的思想感情"遥相呼应。资料的出示讲究恰当的时机，在理解的浅处、情感的提升处、思维的误区、认知的盲区等节点呈现资料，方能达到最佳的教学效果。

当时的国家犹如"万马齐喑"，作者希望少年们抖擞精神，给张牙舞爪的帝国主义、昏庸腐败的晚清王朝、恹恹病态的无知群众一记响亮的警钟。有了这样的铺垫，学生更容易了解作者那颗火热的心，那份真挚的情，为读出感情、读出味道做足准备。

这是一篇刻骨铭心的铭文。

纵观那段风起云涌的历史，至今仍叫人唏嘘不已。正是无数的仁人志士甘冒矢石，才力挽狂澜，驱邪扶正。《少年中国说》的刊发问世，无疑是一阵劲风，吹散阴霾，唤醒世人；一场及时雨，滋润心灵，催人奋发。整齐的文章样式、严密的逻辑结构、磅礴的精致语言、充沛的情感波涛，令中国少年的使命感和责任感油然而生。

在课堂上，于朗诵声中和《少年中国说》邂逅，美哉！壮哉！

少小去乡邑，扬声沙漠陲

——统编版教材五年级（上）第13课《少年中国说》教学实录与评析

点评：汤俊 东莞市汤俊名师工作室主持人

单位：广东省东莞市寮步香市第一小学

【教学目标】

1.认识"泻、鳞"等六个生字，会写"泻、潜"等七个生字；

2.正确、流利地朗读课文，读出课文里蕴藏的感情；

3.在明晰中国少年和少年中国之间的关系过程中，懂得自己的责任感和使命感。

【教学过程】

第一版块　情真意切巧疏通

师：顾炎武说："天下兴亡，匹夫有责。"每一个心怀爱国之志的人，都在用自己的方式表达对祖国的热爱。爱国是陆游至死不渝的期盼，王师北定中原日——

生：家祭无忘告乃翁。

师：爱国是林升痛彻心扉的叩问，山外青山楼外楼——

生：西湖歌舞几时休。

师：爱国是龚自珍渴望革新的呐喊，我劝天公重抖擞——

生：不拘一格降人才。

师：从古至今，炎黄子孙的爱国之心，从未改变。梁启超就是其中的一位。1900年，正值硝烟弥漫的危难时刻，梁启超写下了一篇振奋人心的文章——《少年中国说》。中国少年们，我们一起板书课题。（师生共同板书课题，学生书空，齐读课题）

师：文章大家都预习了吗？

生齐答：预习了。

师：这篇课文充满了振奋人心的豪情，文章里面那么多的生字如果不解决的话，就会影响我们感情的抒发。请看：（课件出示，生字加粗标红）

红日初升，其道大光。

河出伏流，一泻汪洋。

潜龙腾渊，鳞爪飞扬。

乳虎啸谷，百兽震惶。

鹰隼试翼，风尘吸张。

奇花初胎，矞矞皇皇。

干将发硎，有作其芒。

天戴其苍，地履其黄。

纵有千古，横有八荒。

前途似海，来日方长。

请大家根据拼音自由地读一读。（学生自由练读）

师：敢于担当从积极回答问题开始。谁来率先读一读？

（一生读，读得很熟练）

师：读得可真好！这么多的生字，你居然读得如此流畅，你是怎么做到的？

生：我在预习的时候，给生字分了类。比如说"潜""鳞""惶""胎""硎"，这些都是形声字，我就根据声旁来帮助认读。"鹰隼"的"隼"字不常用，我在读《动物大百科》的时候见过这个字。（听了该生的回答，学生自发鼓起掌来）

师：原来生字不可怕，巧用方法记住它。像他这样，分类识记，又在平时的阅读中做个有心人，生字大军一定会被我们打败的。

生：我是这样认识"乔"的，就是"橘子"的"橘"去掉木字旁。

师：真是八仙过海，各显神通。这里，老师有一个有趣的字谜也想和大家分享：（课件出示）

双脚穿它走天下，步步生辉人人夸。

古时鞋子有别名，行走大地到天涯。

生：是"履"字。

师：一猜就中啊，你是怎么发现是"履"字的？

生："履"就是古代的鞋子，有个成语就叫郑人买履。

生："履"就是走的意思，比如，步履匆匆。

师：积极动脑，乐于分享，收获多多。现在，就让我们一起朗读课文吧！（学生齐读）

（点评：这部分主要检查预习教识字。"请大家根据拼音自由地读一读"这一步，给了学生自主练习识字的时间。紧接着选取一生认读，目的是基于学生个体获取识字方面的学情事实——看看究竟学得怎么样？顺势要求学生交流了识字方法，重点认识了"履"字。这个教学片段中，选取学生个体样本来探测学情的做法值得学习。语文教师的一堂课，能把教什么、怎么教的、教得怎么样努力呈现清楚是非常重要的。能把"教什么"呈现清楚，说明语文教师在教学内容的处置思路是澄明的；能把"怎么教"的呈现清楚，说明语文教师对教学步骤了然于心；能把"教得怎么样"呈现清楚，则能保障一堂语文课的效度与信度。丁老师显然有从学情方面"搜集"教学效度证据的自觉意识。语文老师能学习这一点，必定有助于提升语文课堂教学品质。）

第二版块　满腔赤城绘蓝图

师：集体朗读就像是大合唱，声音大，气场强，遗憾的是不能显示个人的风采。现在请大家先自由练读，待会儿请同学来单个朗读，用声音展示自己的理解。（学生自由练读）

师：朗读就是发现。说说你发现了什么？

生：我发现了这段话每句都是八个字的，整整齐齐的。

生：我发现了这些句子是押韵的。

师：这些是形式方面的大发现，了不起啊！在文章的内容方面，大家都有什么发现吗？

生：作者写的内容都很有气势。

师：有气势？说说你的根据。

生：龙从水里冲出来，是很有气势的。老虎在山谷里大叫，让人一听，指定会胆战心惊。

师：你的这一发现就像哥伦布发现新大陆一样，对别的同学一定有很好的启发。

生：红日初升，光芒万丈，很有气势。

生：河水冲出山谷，汹涌澎湃，非常有气势。

生：雄鹰展翅，翱翔蓝天，气势非凡。

师：真是一石激起千层浪。我们看这段话，在形式上，整整齐齐又押韵，在内容上，作者写得又那么有气势。这样精心的安排，作者是想告诉我们什么呢？来吧，我们捧起书，酝酿一下情感，读出气势来，边读边想。

（点评：这部分主要是让学生自由朗读课文，对课文的语言文字运用有感受。语言文字运用得佳妙，是需要借助朗读来感受的——语感，首先是对语言文字声音的感受。从实录所展示的教学事实来看，学生在朗读感受之后，对本课语言文字运用佳妙的发现主要集中在声音、节奏和意象三方面。可以引导学生就某一个方面深入下去：第一段骈散结合的；第二段四字一句，将骈文进行到底；到了第三段，又恢复到骈散结合——作者为什么要这么做？艺术通则决定的：统中求变，变中有统，文章经营语言才有品质。试想，每一段都采用四字可以不可以？另外，第二段所使用的意象繁多，但属性上有共通之处——文学表达，要给人以深刻的印象，会以同质为手段，追求向某个主题集中。集中，才有足够动人的力量。）

（学生捧书齐读）

师：朗读就是思考。你明白作者精心安排的原因了吗？

生：作者在赞美少年。

生：作者在赞美少年的美好前途。

师：正是那句"前途似海，来日方长"，小小少年，一切皆有可能。就连我们尊敬的毛主席都忍不住赞美你们，对你们寄托着美好的希望呢！（课件出示）

世界是你们的，也是我们的，但是归根结底是你们的。你们青年人朝气蓬勃，正在兴旺时期，好像早晨八九点钟的太阳。希望寄托在你们身上。

师：毛主席深情的话语里充满了对青少年的期望，这也是老师搜集的一个资料。课前，大家都搜集了资料。现在，我们交流一下资料，或许更能明白梁启超先生为何用心动情地赞美中国少年了。

（学生在小组内交流资料，然后是小组代表发言）

生：当时的清朝政府是很腐败的，皇帝他们不想想怎么把国家建设好，让老百姓过上好日子，而是建设圆明园等，导致国力越来越弱。

师：政府腐败，国力空虚。这种情况下，老百姓的日子过得怎样呢？

生：老百姓的日子过得很困难，他们没有吃的，没有穿的，四处流浪。

生：有的老百姓饿死了，甚至卖掉自己的小孩。

师：背井离乡，卖儿卖女，这哪里是生活啊，简直是人间地狱！国家的内部可以说是灾难深重，那么，外部呢？

生：帝国主义国家在侵略我们，他们有先进的武器。

生：美国、英国、法国、俄国这些国家，想瓜分中国，霸占我们的国家。

（点评：这部分教学一部分时间是从课文说开去。要理解一个文本，拓展以形成更为阔大的语境是必要的。在拓展时，有节制，不跑出课文之外，不跑出语文之外，是特别需要注意的两点。）

师：真是内忧外患，多灾多难！面对这种情况，每一个有良知的中国人都希望自己的国家早日强大起来。于是，梁启超先生把自己的希望寄托在少年身上。生活在和平环境之下的同学们，让我们再次捧起书，老师和大家一起，用心读一读那一个个滚烫的文字吧！

师：初升红日，光芒万丈——

生：红日初升，其道大光。

师：大河奔腾，汹涌澎湃——

生：河出伏流，一泻汪洋。

师：蛟龙出水，意气风发——

生：潜龙腾渊，鳞爪飞扬。

师：深山虎啸，威震八方——

生：乳虎啸谷，百兽震惶。

师：雄鹰展翅，翱翔蓝天——

生：鹰隼试翼，风尘吸张。

师：花朵奇异，各具特色——

生：奇花初胎，矞矞皇皇。

师：锋利宝剑，锋芒毕露——

生：干将发硎，有作其芒。

师：中国少年，顶天立地——

生：天戴其苍，地履其黄。

师：丰功伟绩，历史铭记——

生：纵有千古，横有八荒。

师：扛起责任敢担当，鹏程万里任尔翔——

生：前途似海，来日方长。

（点评：学习文言一定要翻译吗？看到了这样的课堂之后，我更坚定了自己的想法，不一定。丁老师使用了师生对读的方式，巧妙化解了翻译的藩篱，更使用了以情激情的方式开展朗读。当阵阵书声回荡在教室里的时候，当师生都沉浸在朗读中的时候，所谓共情、共融、共鸣已自在其中。）

第三版块　书声琅琅立乾坤

师：这样的朗读真是荡气回肠！有人说朗读就是感受，作为中国少年中的一员，你感受到了什么呢？

生：中国少年的前途是光明的。

师：这正是这段话的主要内容。

生：这段话读起来朗朗上口，很有气势，让人觉得很震撼。

师：所以说，这样的句式和押韵是作者的精心安排。

（点评：句式和押韵，的确是作者精心的安排。第二部分，为什么采用四字一顿，而不是采用两字、三字，或者五字，力度感方面的需要。选择ang韵来押，使文章的声音显得大气磅礴，与作者所造之少年中国、中国少年之意象匹配切合。）

生：我感受到中国少年的责任很重大。

师：是的，每一代人都有每一代人的历史责任。作者在文章的第一段就开门见山地点明了中国少年沉甸甸的责任。（课件出示，学生齐读）

故今日之责任，不在他人，而全在我少年。

师：我们刚刚说朗读就是发现，你发现了这一段话作者是怎样写出中国少年的责任了吗？（很多学生举手）

生：这段话使用了"少年……则国……"的句式。

生：作者使用了排比的修辞手法。

师：没错，因为排比能够帮助作者抒发内心的情感。现在，请男生读"少年怎样"，女生读"则国怎样"，在朗读的时候，你或许会有新的可喜的发现。（男女生分角色读课文）

少年强则国强，

少年富则国富，

少年强则国强，

少年独立则国独立，

少年自由则国自由，

少年进步则国进步，

少年胜于欧洲则国胜于欧洲，

少年雄于地球则国雄于地球。

生：我发现少年是怎样的，国就是怎样的。

师：少年是智的——

生：国就是智的。

师：少年是富的——

生：国就是富的。

师：少年是强的——

生：国就是强的。

师：有怎样的少年就会有怎样的国家，他们是一一对应的。那时候，我们的国家贫穷落后，处处挨打，正是百废待兴的时候。朝气蓬勃的中国少年必将建设成一个怎样的国家呢?

生:朝气蓬勃的国家。

师:独立自强的少年必将建设成一个怎样的国家?

生:独立自强的国家。

师:我想,无需再列举了,总而言之,有怎样的中国少年就会有怎样的少年中国。来吧,中国少年们,让我们肩负起自己的责任。老师读第一句,同学们读气势越来越强的排比句。(师生合作读第一段)

师:同学们振奋人心的朗读,让人仿佛看到了更加远大的希望。中国少年们,你们责任重大,前景光明,任谁都会忍不住赞美你们。我们共同分角色朗读,品味美丽的方块字,传递炽热的中华情。(师生分角色朗读)

师:新时代,我们国家正在铸就强国梦想。在历史上,涌现出了很出杰出的优秀中华儿女。课下,我们搜集他们的资料,在先辈们精神的指引下,做一个敢于担当的中国人。下课!

(点评:情感态度价值观,是语文课程内容之一。在语文课堂上,基于对语言文字运用的鉴赏来教授价值观,是必须的。丁老师在这一点上,表现出强烈的课程意识。尤其珍贵的是,努力尝试将语言文字运用佳妙品评与情感态度价值观融合在一起,体现工具性与人文性的统一这个语文课程的基本特点。)

总　评
看　见

当一节课呈现在我们眼前的时候,你看见了什么?教师教学的策略,学生学习的状态，教学目标的达成，教学机智的呈现……大方向的、小细节的，显性的、隐性的，都会奔赴眼底。在丁老师的这节课上，我看见了两点：朗读与情感，形式与内容。现在分开来谈一下自己的想法。

朗读与情感的交融。"小学各个年级的阅读教学都要重视朗读。要让学生充分地读，在读中整体感知，在读中有所感悟，在读中培养语感，在读中受到情感的熏陶。"对于语文教学而言，朗读就像空气一样不可或缺。最新医学证明，人在大声朗读时，副交感神经会加强工作，大脑得到放松，心情也就爽快了。在朗读时，70%以上的神经细胞参与大脑活动，超过默读和识字，相当于大脑的热身体操。朗读能强化记忆力，提高注意力，增强学习效果。朗读就是语文学习的思维体操。

在丁老师的这节语文课上，我看到了朗读的多样态和多领域，尤其是以读代讲助理解、以读传情促感悟更是将朗读的作用发挥得淋漓尽致。学生"读了又思，思了又读，自然有味"。

叶圣陶老先生告诉我们："吟咏的时候，对于探究所得的不仅理智地理解，而且亲切的体会，不知不觉间，内容与理法化为自己的东西了。""化"贵在无形无声，"随风潜入夜，润物细无声"一般，让学生置身其中，吞吐吸纳，俯仰皆是滋养。

形式与内容的契合。从文章的形式来讲，句式、用韵、修辞等都是为了表达作者对少年的赞美。在教学的时候，在学生理解内容的基础上，丁老师引着学生关注文章形式，发现文本表达的秘妙。更值得称道的是丁老师采取的教学形式和教学内容之间的高度契合。以师生之间的朗读为例，"生活在和平环境之下的同学们，让我们再次捧起书，老师和大家一起，用心读一读那一个个滚烫的文字吧！"丁老师引言在先，学生跟读在后，师生之间犹如空谷回音，一应一和。这样做，不仅避开了碎问碎答式的翻译，而且用老师的激情点燃了学生的激情，不仅于无形中勾连了课堂，而且保护了文字和意境，让师生之间共情、共融、共鸣，更让学生自悟、自省、自立。在这样的教学过程中，学生体会到的是朗读的快乐和发现的喜悦，对"读书之法，在循序而渐进，熟读而精思"亦会有深刻的体会。

一节课，让我们看见的东西很多很多，只要我们保持一颗上进的心，不仅看见，而且看"鉴"，我们就能在语文教育的路上踔厉奋发，阔步前行。

㉕ 古人谈读书

一

知之为知之，不知为不知，是知①也。

敏②而好③学，不耻④下问⑤。

默而识⑥之，学而不厌⑦，诲⑧人不倦。

我非生而知之者，好古，敏⑨以求之者也。

学如不及，犹恐失之。

吾尝终日不食，终夜不寝，以思，无益，不如学也。

——《论语》

注释

① 〔知〕同"智"，智慧。
② 〔敏〕此处指聪敏。
③ 〔好〕喜好。
④ 〔耻〕以……为耻。
⑤ 〔下问〕向地位、学问不如自己的人请教。
⑥ 〔识〕记住。
⑦ 〔厌〕满足。
⑧ 〔诲〕教诲。
⑨ 〔敏〕此处指勤勉。

106

二

余尝谓①读书有三到，谓心到、眼到、口到。心不在此，则眼不看仔细，心眼既不专一，却只漫浪②诵读，决不能记，记亦不能久也。三到之中，心到最急③。心既到矣，眼口岂不到乎？

——［宋］朱熹

注释

① 〔谓〕说。
② 〔漫浪〕随意。
③ 〔急〕要紧，重要。

耻　识　寝　矣　岂

耻	诲	谓	诵	岂

1. 正确、流利地朗读课文。背诵课文。
2. 借助注释，用自己的话说说课文的大意。
3. 联系自己的读书体会，说说课文中的哪些内容对你有启发。

107

《古人谈读书》教材解读

立身以立学为先 立学以读书为本

我们今人学习文言文的目的是什么？为了积累语言？为了习得语感？为了增长知识？为了洞察历史？……目的种种，不一而足，但是，我想最终的目的是为了修身养性，滋养人生。在这一点上，《古人谈读书》一课体现得恰如其分。

位于统编版教材五年级（上）第八单元的《古人谈读书》，是介绍古人读书方法和读书态度的文章，目的就是训练学生"根据要求梳理信息，把握内容要点"的能力。

选入教材的两篇文言文，统一于"古人谈读书"主题之下，两篇课文各具特色。

第一篇是从《论语》中择取的六句话。我们有理由相信这六句话是孩子们耳熟能详的。老师平时的鼓励，父母的叮咛，学校的文化布置，还有林林总总的社会教育资源，都可能会或隐或现地引用过这六句话。

第一句"知之为知之，不知为不知，是知也"。面对学问，须讲究真诚；面对人生，更须讲究真诚。敢于面对自己的无知就是最大的真诚。这句话明白晓畅，却字字珠玑，掷地有声，是治学的底色，也是做人的底气。正是在满腔赤诚的引领之下，才有了坚定的心，笃厚的行。

"敏而好学"是所有为人师者和为人父母者的期待，对于求学者来说也是如此。可求学之路并不是一帆风顺的，总会遇到疑惑。不为虚荣而遮掩，不为羞耻而止步，"是知也"！

学习有时需要心静如水，个人独自"默而知之"；有时需要海纳百川，虚心如竹"学而不厌"；有时需要共同交流，彼此成就"诲人不倦"。

　　学习的旅途中，既有学有所得的欣喜，也有思而不得的困惑，每个人都是"非生而知之者"，而是一份热爱，一份虔诚。

　　然而，知识是无涯无际的，个人的精力是有限的，缺漏似乎在所难免。但是，对于一个满腔赤诚的求学者来说，面对这样的窘境，内心惴惴不安，"犹恐失之"。

　　于是，有的人就选择了"终日不食""昼夜不寝"，反反复复思考，勤勤恳恳治学，"以思，无益，不如学也"。

　　简单地梳理了选自《论语》的六句话，我们不得不佩服先人的智慧。将治学和做人融为一体，"诚"字当头，脚踏实地；将大道和方法合二为一，"勤"字为本，持之有道。如此，治学终有所获，做人顶天立地。

　　编者择选的第二篇文言文是宋代朱熹先生的读书之法，是我们所熟知的"三到"——"心到、眼到、口到"。选文的第一句话开宗明义，读书要做到"三到"。接下来的三句话都是对第一句的阐释。"三到"之中，"心到"摆在首位，心思如果没有放在学习上，则走马观花，如入宝山却空手而归。所以说，"三到之中，心到最急"。

　　古人云："他山之石，可以攻玉。"学生知道了他人读书的态度、方法、经历和感悟，对自己而言，定拨云见日，坚定步履，更加热爱学习。

　　在本课的教学中，我们要领着学生读懂文言的意思，端正读书的态度，提炼读书的方法，宜让学生在情境之中使用具体的读书方法以内化，再借助朗读和背诵积累语言与读书方法，逐步提高自己的读书能力。

纸上得来终觉浅，绝知此事要躬行

——统编版教材五年级（上）第25课《古人谈读书》教学实录与评析

点评：岳林杨 东莞市长安镇语文教研员

单位：广东省东莞市长安镇教育管理中心

【教学目标】

1.认识"耻、识"等四个生字，会写"耻、诲"等五个生字；

2.正确、流利地朗读课文。背诵课文；

3.借助注释，读懂每句话的意思；

4.学习梳理古人的读书方法，联系自己的读书经历谈谈自己受到的启发。

【教学过程】

第一版块　在朗读中发现

师：汉代刘向说过这样一句话，"书犹药也，善读之可以医愚"，意思是说书就像药一样，阅读得法，就可以提高我们的素养。那么，面对书本，我们该怎么阅读？今天，我们一起学习《古人谈读书》。请和老师一起板书课题。（师生共同板书课题，学生书空）

师：阅读书籍有门道，学习文言有方法。你都知道了学习文言文的哪些方法？

生：要把字音读准，把句子读通顺。

师：学习语文第一步，音要读准句要熟。

生：要注意句子的停顿。

生：不理解的词语可以查字典，看看注释。

生：还可以看插图。

师：多种方法助理解，实在不懂且放过。

生：课文要背会，多积累语言。

生：要多点复习。

生：平时，可以使用自己积累的文言文。

师：积累语言练语感，学以致用巧锻炼。正所谓："学而时习之，不亦说乎"！刚才，我们一起采用了——罗列的方式梳理了学习方法。事不宜迟，咱们立即运用所懂得的办法立即开始朗读课文，争取把字音读准，句子读熟。（学生练读课文，老师巡视，关注学生朗读情况）

（点评：美国著名的教育心理学家奥苏伯尔在他1978年出版的《教育心理学：认知观》一书的扉页写道："影响学生唯一最重要的因素就是学生已经知道什么，要探明这一点，并应据此进行教学。"以其所知，喻其不知，使其知之。丁老师领着学生梳理学习文言文的方法，并运用这些方法学习新课，高明！）

师：大家的练读热火朝天！读得怎么样，一查就知道。请看课件：

知之为知之，不知为不知，是知也。（课件出示）

生读：知之为知之，不知为不知，是知也。

师：读得声音洪亮，吐字清晰。一句话，五个"知"，哪里相同，哪里不同？

生：读音相同

生：意思不一样，前四个"知"是"知道"的意思，最后一个"知"是"智慧"的意思。

师：目光敏锐发现多，发现未知快乐多！请继续看课件：

默而知之，学而不厌，诲人不倦。（课件出示）

生读：默而知之，学而不厌，诲人不倦。（把"诲"读成了第三声）

师：古今读音不同的"识"读准了，却把老朋友"诲"当成了他的表弟啦！（老师板书：悔huǐ）

生读：默而知之，学而不厌，诲人不倦。（读得字正腔圆）

师：（问刚刚出错的同学）学习就要"不耻下问"，你有什么问题要问问这位同学吗？

生：你是怎样读准读音的？

师：老师猜你最关心的是他怎样区分好"悔"和"诲"的，对吗？（该生微笑着点头）请你来解答一下吧。（面向另一生）

生：它们的偏旁不一样，"诲"是"教诲"的意思，教别人要用嘴说出来，所以，"诲"是言字旁；"悔"是"后悔"的意思，后悔的感觉是从心里发出的，所以，"悔"是竖心旁。（该生的发言赢得了全班同生的掌声）

师：真是有理有据，说得明明白白，大家是不是听得清清楚楚？（学生齐答：是）分享是最好的学习，这就是汉字的密码。我们一起看第三句话：

心既到矣，眼口岂不到乎？（课件出示）

生读：心既到矣，眼口岂不到乎？（读准了字音，可没有读出反问的语气）

师：字音读得很准，可是语气上有点小小的遗憾。谁来弥补这个遗憾？

生读：心既到矣，眼口岂不到乎？（读出了反问的语气，但稍微偏弱）

师："岂"和今天的意思是一样的，无疑而问，反问句表达的语气是最强烈的。来，我们一起读一读。

师生齐读：心既到矣，眼口岂不到乎？

（点评：学习文言文，前提是学习"文言"。教师要善于引领学生在文言易错处、疑难处、关键处扎实学习，不能含糊。一个"知"字，一个"诲"字，一个"岂"字，丁老师从字音、字形、字义、语气等方面耐心指导，学生反复诵读、心领神会，为接下来的学习打下了坚实的基础。）

第二版块　在情境中理解

师：刚刚我们一起朗读，读准了字音，读通了句子，不知不觉中，我们对句子的意思渐渐地理解了。现在，请大家借助注释，理解每句话的意思，并和同桌交流一下彼此的理解。

（学生安静阅读注释，然后同桌之间展开交流）

师：真金不怕火炼，学习不畏考验。朗读动的是口，理解动的是脑，现在咱们一起做一做思维体操。请看第一题：（课件出示）

有一个字，在同一句话里面出现五次。五次当中，唯有一个意思与众不同。这句话是哪句话？这个字是第几个字？

生：知之为知之，不知为不知，是知也。

师：两个问题，你只回答了一个，把另一个机会分享给了别人。

生：是第五个字。前四个"知"是"知道"的意思，第五个"知"是"智慧"的意思。

师：理解到位，快乐加倍。突破难字，我们就像练武之人打通任督二脉一样，一通百通。请看第二题：

读五年级的姐姐遇到学习上的困难，总不好意思向读四年级的弟弟讨教。请你用《论语》里的话鼓励一下姐姐。

生：敏而好学，不耻下问。

师：恭喜你，明白了句子的意思，又读懂了情境。看来，在情境中理解对我们读懂句子的意思帮助很大。请看第三题：

明华是一个喜欢学习的人，可是，总也学不会，他自认自己的脑子很笨。现在，请你写一封信鼓励一下明华，记得要引用《论语》里的话，明华会更信服哦。

生：我非生而知之者，好古，敏以求之者也。

师：一语中的！能说说你的理由吗？

生：我们每个人的智力实际上是差不多的，有时候，可能是方法不对。只要好好学习，不断地寻找自己的方法，每个人都能取得进步。所以，我劝明华不要放弃。

师：入情入理的一番话，一定能够让明华重拾信心的。读书有法，贵在得法。现在，请看第四题：请你从读书方法的角度，写一条座右铭送给自己。

生：读书有三到，谓心到、眼到、口到。

师：大家有这样的生活体验吗？

生：我读书的时候就是读书，其他的一切都暂时不管他，这样，心就能专一了。

生：是啊，我也是这样的。只要心在读书上，人就会忘记吃饭，忘记睡觉，眼睛就专心地看，嘴巴就嘟嘟囔囔地念，我妈说我在那儿念经呢。

师：多么有趣的经历！这就是阅读的魅力，这就是文字的魔力！大家看，使用联系实际生活的方法，对我们理解句子的意思很有帮助。现在，我们一起梳理一下刚刚我们理解句子的意思都使用了哪些方法？

生：突破难理解的字。

生：在情境中理解。

生：联系实际生活。

（根据学生的回答，教师在黑板上竖着板书：1.突破难理解的字

2.在情境中理解 3.联系实际生活）

师：像这样一条一条地写出来，如此梳理的方法就叫作分条罗列法。

（点评：文言教学必须要疏通文意，但最忌逐句翻译，某些语句无需翻译，翻译反而有害，这就是古人所说的"言不尽意"。古人往往把含蓄内敛的情感蕴含在"境"中，在"象"中。丁老师巧妙地设置情境题目，让学生梳理理解句子的重要方法，学生不但理解，还能运用，可谓一举多得。）

第三版块　在理解中背诵

师：理解含义是一种体操，还有一种体操对我们的帮助更大，那就是：（课件出示，学生齐读）

背诵是记忆力的体操。

——托尔斯泰

生：背诵了才会记得牢。

生：背会了才能够熟练地运用。

生：背诵是把书上的知识变成了自己的知识。

师：看来背诵的好处真不少。事不宜迟，咱们现在就开始背诵吧！

（学生背诵，老师巡视）

师：一遍又一遍地朗读，直到熟读成诵，这是最简单最实用的方法。

大家辛苦了。同学们稍稍歇息一下，老师分享一个特别的读书法给

大家：（课件出示：丰子恺画像和"22遍苦读法"。"读"字共有二十二笔，故每课共读二十二遍，即生书读十遍，第二天温五遍，第三天又温五遍，第四天再温二遍。老师根据课件讲述）

师：有付出就会有回报，我朋友的孩子张明就是个例子。面对不懂的知识，他对自己说，知道的就是知道的，不知道的就是不知道的，这不正应了那句话——

生齐：知之为知之，不知为不知，是知也。

师：不会的问题，他总是敢于向别人请教，可真是——

生齐：敏而好学，不耻下问。

师：三人行，必有我师焉！张明不仅自己认认真真地学习，还做起了小老师，积极帮助暂时落后的同学一起进步。他的同学忍不住夸奖他——

生齐：默而知之，学而不厌，诲人不倦。

师：有的同学问张明，你学习那么厉害，一定是天生的吧。他总是淡然一笑，因为他知道——

生齐：我非生而知之者，好古，敏以求之者也。

师：有一次，张明来到办公室，看到老师们都在看书。好奇心驱使着张明问老师："老师，你的学问很渊博了，怎么还看书呢？"老师提起笔写了一句话送给张明——

生齐：学如不及，犹恐失之。

师：张明深受启发，在读书的时候更加聚精会神，圈圈画画，让人不禁想起了朱熹的读书之法——

生齐：余尝谓读书有三到，谓心到、眼到、口到。

师：三到之中，心到最急。心既到矣，眼口岂不到乎？面对浩如烟海的知识，我们只有积极行动，捧书而读，脚踏实地地学习。正所谓——

生齐：吾尝终日不食，终夜不寝，以思，无益，不如学也。

师：学习有方法，我们细梳理。日日勤学，终有所成。

（点评："死记硬背"和"熟读成诵"往往只有一步之遥。其中关键，是老师激趣、引领和点拨。一个生动的"22遍苦读法"的故事，不但可以化解学生的畏难情绪，激发学生的诵读热情，还可以让学生领悟古人读书的智慧。紧接着，丁老师巧妙地设置情境题目，再一次让学生在背诵中尝试运用……可谓妙哉。）

总 评
文言文教学的三个意识

我们常说上层建筑决定经济基础。对于一节课而言，老师的设计理念和意识就好比上层建筑，直接影响着一节课的呈现。在丁老师的课堂上，有三个意识特别值得关注。

一是方法意识。统编教材中的文言文，虽然都是历久传诵的经典名篇名句，在词汇、语法等方面与现代汉语的差别还是很大。如何通过单篇的学习让学生掌握学习文言文的基本方法，从而为学生今后的经典名篇的学习打下坚实的基础，提升学习文言能力是丁老师本节课的一大亮点。从开课之时，老师带着学生梳理的学习文言文的方法，到课中理解文意的方法，再到后面背诵积累的方法，都是学生可以掌握也必须掌握的方法。掌握了方法就等于掌握了学习文言文的金钥匙。

二是积累意识。不管是文言、文章的积累，还是文学、文化的积累，都不能回避"因声求气""熟读成诵"这些古人总结出的最基本的教学智慧。而对于背诵积累，丁老师并没有因为讳忌"死记硬背"而"躲躲藏藏",而是主动出击,明确交给学生熟读成诵的具体方法,让学生反复诵读,最终达到"成诵"的目的。

三是运用意识。文言的学习除了内化积累,还有一个很重要的标准,就是要看学生会不会运用。丁老师不厌其烦地反复创设情境,让学生在具体的生活情境中运用所学习的文言。不管是从认知心理学的建构角度,还是从教育理论当中的"教育即生活"角度,亦或是从传统文化教育的"当代"角度,无不体现着丁老师相当深厚的学理基础。

此外,丁老师还有强烈的"板块"意识和整合意识。在朗读中发现、在情境中理解、在理解中背诵,三个板块简约高效、彼此关联、逐层递进,在每一个板块中又有相互渗透和整合,可以看到丁老师教学设计的功夫。当然,在诵读方面,能在文章、文学、文化等几个维度上有更深度的拓展,是我们所有语文教师不懈的追求。

㉑ 杨氏之子①

注释

① 本文选自《世说新语·言语》。
②〔惠〕同"慧"。
③〔诣〕拜访。
④〔乃〕就，于是。
⑤〔示〕给……看。
⑥〔夫子〕古时对男子的敬称，这里指孔君平。

梁国杨氏子九岁，甚聪惠②。孔君平诣③其父，父不在，乃④呼儿出。为设果，果有杨梅。孔指以示⑤儿曰："此是君家果。"儿应声答曰："未闻孔雀是夫子⑥家禽。"

———————

诣 禽

———————

梁 诣 禽

◎ 正确、流利地朗读课文，读好下面的句子。背诵课文。

◇ 孔指以示儿曰："此是君家果。"

◇ 儿应声答曰："未闻孔雀是夫子家禽。"

◎ 借助注释了解课文的意思，说说从哪里可以看出杨氏之子的机智。

《杨氏之子》教材解读

有限之文蕴无穷 不尽之意于言外

众所周知，文言文语言凝练，内蕴丰厚。当我们阅读《杨氏之子》的时候，这种感觉无形之中得到了再次印证。

《杨氏之子》所述事例不过一个：孔君平前来杨家拜访，朋友不在家，杨氏之子来接待；所写人物不过两个："杨氏之子"和"孔君平"；所记对话不过一组，仅一问一答而已。寥寥几句话，区区数十字的《杨氏之子》竟顺顺利利地穿过了历史的大浪淘沙，又稳稳当当地出现在统编本的教材之上，这究竟是为何？让我们再次直面文本，一探究竟。

其实，我们的编者已经给了我们足够的明示。

明示一：出现在注释当中。注释①：本文选自《世说新语·言语》。这一注释，真是大有玄机。它不仅告诉我们文章的出处，更在告诉我们文章的特点，那就是言语——人物对话。

我们知道《世说新语》是我国最早的一部文言志人小说集，是中国魏晋南北朝时期"笔记小说"的代表作，其内容主要是记载东汉后期到魏晋间一些名士的言行与轶事。依内容可分为"德行""政事""文学""方正"等三十六类，"言语"正是其中一类。

孔君平和杨氏之子的对话如下：

孔指以示儿曰："此是君家果。"

儿应声答曰："未闻孔雀是夫子家禽。"

细细玩赏这组对话，你会发现人物的动作——"指"，你会想见人物的情态——"应声答"，你会觉察人物的语气——"君家"和"夫子家"。正因如此，我们才能洞察课后问答题的幽微。

明示二：出现在课后问答题当中。

　　正确、流利地朗读课文，读好下面的句子。背诵课文。

孔指以示儿曰："此是君家果。"

儿应声答曰："未闻孔雀是夫子家禽。"

翻遍统编本教材，"正确、流利地朗读课文"这一要求可谓是俯拾皆是，但是，"读好下面的句子"这一要求似乎是《杨氏之子》的专属。那么，怎么样才能"读好"呢？那就是要走进当时的那个情景，揣摩人物在那一分那一秒的所思所想，再模拟彼心如我心，读出人物当时的心理，以声传情，以情达意，最终神情毕现，心心相通。

就在这一举一动的再现中，一言一语的对答中，杨氏之子的形象呼之欲出：应答中彰显机敏，反驳中不失礼貌。所以课后问答题的第二题编者做了精心的设计：

　　借助注释了解课文的意思，说说从哪里看出杨氏之子的机智。

《现代汉语词典》对"机智"给出的解释是这样的：机智，形容脑筋灵活，能随机应变。机智是良好的性情、敏锐的洞察力以及在紧急时刻快速反应的综合产物。

我们先从表层的快速反应说起。细读文本，相信学生不难发现"应声"这个词语。孔君平话音刚刚一落，杨氏之子就立即回答。如此对答如流，可见其反应之快速。

快与慢毕竟是表面的，能在瞬间知晓对方意图，并做出最恰如其分的回应，这才更需要聪明才智。揣测孔君平当时的心理状态，就是一个调皮的叔叔逗弄一下小侄子，那斜挑的眉梢，微微上翘的嘴角，还有眼睛里带着的一丝不易察觉的得意与狡黠。这些蛛丝马迹又怎能逃得过杨氏之子的那双眼睛？

能够在眨眼之间迅速捕捉到这些信息，并立刻做出解读，立刻组织语言，立刻合理应对，对我们成年人来说尚不是一件容易的事，但是，杨氏之子做到了，仅仅只有九岁的杨氏之子做到了！这不是聪明灵活、随机应变、洞察幽微，又是什么呢？一言以蔽之，那就是机智，用文章里的话来说，就是"甚聪惠"。

话说至此，我们应该已经明白了《杨氏之子》能够穿越时空、降临现时教材的原因了吧！笔记小说大都"随手而记"，但是语言精炼含蓄，隽永传神。明朝的胡应麟说："读其语言，晋人面目气韵，恍然生动，而简约玄澹，真致不穷。"

无穷意味，尽在凝练的语言中，诸君请细细品咂。

一字未宜忽，语语悟其神

——统编版教材五年级（下）第21课《杨氏之子》教学实录与评析

点评：李竹平　特级教师

单位：北京亦庄实验小学

【教学目标】

1. 认识"诣、禽"等生字，会写"梁、诣"等三个字。

2. 正确、流利地朗读课文，背诵课文。

3. 了解课文的大意，感受杨氏之子的机智善对。

【教学过程】

第一版块　读：一字一句读清楚

师：诸位同学，吾姓丁，乃丁氏之子，今年三十有七。听懂了老师介绍的同学，请举手。（全部学生举手）大家的耳朵可真灵！谁能像老师这样介绍一下自己？

生：吾姓王，乃王氏之子，今年十一岁。

生：吾姓李，乃李氏之子，今年十一岁。

生：吾姓陈，乃陈氏之女，今年十岁。

师：我提议为这位陈氏之女的灵活变通而鼓掌。（学生高兴地鼓掌）请再听老师介绍。中国丁氏子三十七岁，甚爱语文。尔等还能仿照这样介绍吗？（学生纷纷举手参与）

生：中国张氏子十一岁，甚聪明。

师：尔善于学习，乃真聪明也。

生：中国马氏女十一岁，甚爱画画。

师：尔善于倾听，又会画画，乃才女也。

生：中国杨氏子十一岁，甚爱篮球。

（点评：如此引入，仿佛打开了一扇虚掩的门，轻轻一推，便情趣兼备，让师生都沉醉在别有滋味的话语氛围中，为接下来的学习做好了铺垫。）

师：现代版杨氏之子是一位运动达人，今天，我们要认识一位古代版杨氏之子。（老师板书课题，学生齐读）古代版的杨氏之子究竟是一个怎样的孩子呢？来吧，同学们，让我们一起朗读课文，请读准字音，读通句子，遇到难读的地方多读几遍。（学生自由朗读课文）

师：文章有五句话，咱们就请五位同学来接力读。我们认真听一听，他们的读音是否正确，停顿是否恰当。

生：梁国杨氏子九岁，甚聪惠。

师：谁听出什么来了？

生："梁国"的"梁"是一个生字，他把字音读得很准。

生：他在"梁国"和"杨氏子九岁"之间停顿了一下。

师：（面向刚刚朗读的学生）那是因为……

生："梁国"介绍的是杨氏子的国籍，后面说的是他的年龄。

师：根据意思的不同，朗读的时候做出稍稍的停顿，让人听得明明白白。看来，你不仅读得字字响亮，而且还读懂了。

生：孔君平诣其父，父不在，乃呼儿出。

师：耳朵最灵的同学在哪里？

生：他把生字"诣"读得很准。

师：谢谢你的提醒。这个字不常用，借助注音咱们一起再读一读。（课件出示，将"诣"标红）

孔君平诣（yì）其父，父不在，乃呼儿出。

师：在这句话里面，"诣"的意思是——

学生集体回答：拜访。

师：有个词，表示在某个方面取得了非常了不起的成就，谁知道这个词是哪一个？（有两个学生同时举手）你俩同时举手，那就一起说吧！

生（两人异口同声）：造诣（课件出示）

师："旨"的朋友还多着呢，加了偏旁，还可以组成什么字？

生：加提手旁，可以组成手指的"指"。

生：加月字旁能组成脂肪的"脂"。

师：常见的很容易说，罕见的只有高手才能知道。我们班的高手在

182

哪里？（一个学生举了手）高手来了！请说吧！

生：（略显犹豫）我只能写，不知道读音。

师：没关系的，请你来写吧。（该生走上讲台，写下"酯"）

师：请留步。老师采访一下你，你在哪里见过这个陌生的朋友？

生：在我爸爸的化工厂里。

师：难怪人家都说生活就是一部书，这就是学习！你虽然不会读，但是，却能正确无误地写出来，这本身就值得表扬。这个字读 zhǐ。请跟老师一起读。（教师教读两遍）这是一种化学物质，我们用的蚊香、肥皂、沐浴露里面都含有这种成分。看来，"旨"朋友真不少！（课件出示，并给这些字组词了，学生齐读）

旨——圣旨

指——手指

脂——脂肪

酯——聚酯

诣——造诣

师：认识一个，结识一个家族，我们以后也可以这样扩大识字量。咱们接着往下读。

（点评：丁老师善于挖掘，仅仅是一个字的教学竟可以做得如此丰厚扎实，"旨"的教学就是一个范例。）

生：为设果，果有杨梅。

师：有客人来访，爸爸不在家，儿子给客人端出水果。这就是人之常情。有生活经验的你，是否知道谁为谁"设果"呢？（课件出示）

（　　）为（　　）设果，果有杨梅。

生：杨氏之子为孔君平设果，因为杨氏之子是主人，孔君平是客人。

师：是啊，这才是待客之道。文言文中会常常出现语言的省略现象。接下来的对话，就是在这样的情景下发生的。

生：孔指以示儿曰："此是君家果。"

生：他的"孔"的后面停顿了一下。

生：在"此"的后面停顿了一下。

师：小小的停顿能留给听的人思考的时间。

生：在"是"的前后，他都停顿了一下。

师：孔君平指着水果对杨氏之子说话，"此——是君家果"，这是为了强调。

生：儿应声答曰："未闻孔雀是夫子家禽。"

生：他在"是"的前后也都停顿了一下。

师：你很善于捕捉。孔君平和杨氏之子说的话真有意思，连停顿的节奏都是一样的。他们为什么不约而同地都这样说话呢？我们一起去探究。

（点评：以"善于捕捉"的名义，让学生充分感受停顿以及为什么停顿。此举让学生犹如在和先贤对话，在和文字对话。原来，在我们美丽的汉语里，一停一顿，一抑一扬，皆有章法。祖国文字的魅力渐渐散溢而出。）

第二版块　解：还原生活重体验

师：想要探明原因，必须熟读课文。我们刚刚知道了文章的停顿，现在，请大家标注好停顿，认真地反复读一读课文，试着背诵。（课件出示，学生自由朗读课文）

梁国/杨氏子九岁，甚聪惠。孔君平/诣其父，父不在，乃呼儿出。

为/设果，果有杨梅。孔/指以示儿/曰："此/是/君家果。"儿/应声/答曰："未闻孔雀/是/夫子家/禽。"

师：朗读好像一位导游，带领我们踏上奇妙的发现之旅。在旅途中，你都有什么发现？

生：我发现杨氏之子已经九岁了，是个聪明的孩子。

生：孔君平来拜访杨氏子的爸爸，很不巧，他刚好不在家。

师：老师从你的话里面发现了孔君平和杨氏子的爸爸是一对好朋友，两家经常串串门，走动走动。孔君平对杨氏子的聪明一定有所了解。平日里，也会和这个聪明的小侄子开开玩笑什么的。今天，可真是天赐良机，呵呵，老杨不在家啊！孔君平正想着办法呢，只见杨氏子端着杨梅走了过来。孔君平眉头一皱，计上心头——（课件出示，学生齐读）

孔指以示儿曰："此是君家果。"

师：谁来说说这句话的意思？

生：孔君平指着杨梅对杨氏子说："这是你家的水果。"

师：这水果是哪种水果？请把话说得更明白一些。

生：孔君平指着杨梅对杨氏子说："杨梅是你杨家的水果。"

师：儿应声答曰。（语速正常）

生：未闻孔雀是夫子家禽。

师：儿应声答曰。（语速加快）

生：未闻孔雀是夫子家禽。（语速加快）

师：儿应声答曰。（语速更快）

生：未闻孔雀是夫子家禽。（语速更快）

师：对方话音刚落，杨氏子立刻回答，这就是——

生：应声答。

（点评：在朗读中发现不失为理解文言文的一个好办法。这样的发现是多角度的，或许零零星星，但是都来自于学生自己的双眼，而通过师生对读的方式，让学生在无言中意会更是一种深层次的发现。）

师：杨氏子，虽九岁，应声答，甚聪惠。此情此景，令孔君平感慨不已：（课件出示）

孔点头称赞，曰："此子_____，真聪慧也！"

生：孔点头称赞，曰："此子反应迅速，真聪惠也！"

生：孔点头称赞，曰："此子对答如流，真聪惠也！"

师："应声答"，虽然只有三个字，带给我们的感受却很多。我们一起看第一个注释，这篇文章选自《世说新语·言语》，这"言语"部分就是专门介绍语言表达之妙的篇章。（课件出示）

此是君家果。

未闻孔雀是夫子家禽。

师：这简短的一问一答究竟有何玄妙之处呢？带着这个问题，同桌之间一起讨论讨论。（学生讨论，老师巡视，小组代表汇报）

生：我们小组认为孔君平是明知故问。杨氏子当然是拿自己家的水果招待客人，难道他会用别人家的水果招待自己家的客人吗？

师：表面上看，你们小组的思考似乎有些道理，实际上，是你们没有读出孔君平的言外之意。

生：我们小组认为这是大人在和小孩开玩笑，在捉弄小孩。

师："捉弄"少了点情趣，用"逗弄"会更好。请你具体说一说，这玩笑是怎么开的？

生：孔君平认为杨梅是杨氏子家的水果，因为杨氏子是姓杨的，端出来的水果又是杨梅。（老师板书：杨梅 杨氏之子）

师：杨梅本来没有姓，来到杨家就姓杨。实际上本不相干，开开玩笑又何妨。（老师边说边圈出两个"杨"字，并画上箭头）正所谓"兵来将挡，水来土掩"，那杨氏子是如何应对的呢？

生：因为孔君平是姓孔的，所以，孔雀就是孔君平家养的鸟。

师：好一个有趣的歪理！（老师板书：孔雀　孔君平）你不仅说得明明白白，还把"家禽"这个词理解得准确无误。今天，"家禽"指的是鸡、鸭、鹅等，在古代，"家禽"指的是家里养的鸟。大家看，这就是孔君平的歪理，歪理歪理，越歪越有理，越歪越有趣！咱们一起读一读吧！（课件出示）

此是君家果。

孔雀是夫子家禽。

师：这是对话，齐读少了点味道，一呼一应才够味。老师来扮演孔君平，你们就是杨氏子。

师：此是君家果。

生：孔雀是夫子家禽。

（接下来，师生交换角色读，男女生对读）

（点评：读懂了这"玄妙"，就化解了理解人物性格的难点。所谓言外之意就藏在"言语"当中。它将指引师生一起去探究其中的奥秘。）

师：同学们，孔君平是客人，是长辈，杨氏子是主人，是小辈，这样的对话发生在小辈和长辈之间，你们觉得合适吗？

生：我觉得杨氏子说话有点冲。

师：这话一"冲"就可能让孔君平心里不大舒服。

生：孔君平本来是开个玩笑而已，杨氏子这样直截了当的回答会让人觉得很尴尬。

师：是啊，这不是一般的回答，是有力的反驳，是强硬的回击。杨氏子能以牙还牙以眼还眼固然巧妙，但是却少了礼貌。令人欣慰的是杨氏子不是如此的充满火药味的回应，而是——（课件出示）

孔雀是夫子家禽。

未闻孔雀是夫子家禽。

师：请大家试着走进那个孔君平来访的情景，走进那个小小的院落，同桌之间读一读，品一品文字里的味道。（学生同桌之间练读）

师：一字未宜忽，语语悟其神。走进情境中，朗读品出味。

生：此是君家果。（把"此"和"君家"重读）

生：未闻孔雀是夫子家禽。（把"孔雀"和"家"重读）

师：听得出你们的重读，是想强调什么，有这些是远远不够的，再加上动作、表情、语气上的变化才更像开玩笑呢！（请一对同桌起立）我们不着急表演，请开展想象：那或许是一个微风轻轻吹的上午，孔君平来到老杨家，他早就耳闻老杨的儿子小杨是个聪慧的孩子。今天，老杨不在家，看了怎么逗他玩，怎么逗他呢？呵呵，他给我端来了杨梅，哦，有了——

生：此——是君家果。（拖长"此"，重读"君家"，脸上带着诡异的笑容）

师：杨氏子耳朵一听，眼睛一瞧，心里立刻就明白了——

生：未闻——孔雀是夫子家禽。（拖长"闻"，重读"夫子家"，语气中透着得意）

师：说吧，两人相视一笑，交换眼神，哈哈，妙哉妙哉！感谢你们的精彩表演，我们仿佛看到了那情那景。通过对比，大家是否发现了"未闻"两个字的妙处？

生：能缓和语气。

生：礼貌了一些，不会让对方感到尴尬。

生：孔君平是明知故问，杨氏子也是故意装糊涂。

师：这糊涂装得真是天衣无缝，应声而答，真是机敏，巧妙假装，善于应对。（板书：机敏善对）

（点评：在这一教学环节中，我们被琅琅书声包围着。人物的性格藏在朗读中，话语的情趣藏在朗读中，学习的方法藏在朗读中。）

第三版块　演：移情入境细体味

师：抓住了人物之间的对话，就把握住了文章的主要内容。整个故事，就好像一个剧本，充满了情趣。请大家再认认真真地读一读课文，把自己当成文章中的人物，再好好地感受感受吧！（学生自由练读）

师：大戏即将上演，戏精们准备好了吗？唱念做打，说学逗唱，举手投足，皆是精彩。老师请四位同学担任不同的角色。（分工：画外音〈老师提前备好稿件〉、旁白、孔君平、杨氏之子）其他同学负责和老师一起模拟声音和做动作。

生（画外音）：今日，阳光灿烂，特别适合拜访友人。吾已多日不见老杨，刚好，今天去拜访。他的儿子可不一般——

生（旁白）：梁国杨氏子九岁，甚聪惠。

（师生模拟敲门动作）：咚咚咚——

生（旁白）：孔君平诣其父，父不在，乃呼儿处。

生（画外音）：这么巧，老杨居然不在家。听说他儿子很聪明，我今天刚好逗她玩玩。

生（旁白）：为设果，果有杨梅。

（师生模拟端水果动作）

生（孔君平）：此是君家果。

生（杨氏之子）：未闻孔雀是夫子家禽。

生（画外音）：杨氏之子本姓杨，杨梅也有一个杨。

夫子本来就姓孔，孔雀也有一个孔。

应声而答真巧妙，妙思善对真聪慧。

生（孔君平）：此子反应迅速，思维敏捷，真聪惠也！

师生齐：学习文言并不难，找到方法是关键。

朗读思考加表演，步步深入文字间。

文言凝练宜多品，悠久文化代代传。

（点评：如果说前两个版块属于"厚积"：读准字音、把握停顿、知晓内涵、感受情趣，第三版块的教学则属于"薄发"，在表演中将书中所说与心中所想一齐表达出来。无需赘言，学生已沉浸其中，文言之美已沉浸其中。）

总　评
聚焦文本　以文化人

这是一节简明的课，是一节聚焦教学目标的课，是一节以文化人的课。说其简明，首先指的是思路。从学生的已知入手，将读好和读懂紧密关联；营造"现场"情境，理解人物想法和评价人物思维层次递进；由文本引出作者，将表达意图的理解和文化的理解融为一体。整个学习过程，行云流水，不枝不蔓。在教学策略方面，老师准确地把握住了文言文教学的特点。文言文的阅读，对于小学生来说，停顿正确与否，反映的是意思理解与否。课堂上，教师充分发挥学生的自主性，让学生根据自己的理解来判断停顿，说清理由，学生在交流中进一步加深了对文言文的理解，提升了文言文阅读的能力。更重要的是，教师的评价语，始终围绕教学目标，不着痕迹地引导学生聚焦学习的重点。

聚焦思维，体现了教师对单元阅读训练要素的透彻理解和匠心落实。通过有层次地读和角色体验，明晓人物想法；通过从不同人物的视角，澄清想法，理解和判断人物的思维；通过文本内外视角的转换，理解作者的表达意图，也就是作者的思维。在教学过程中，丁老师从重点字词的意思说起，铺垫情境，创设情境，将学生带到文本故事"现场"，进行角色体验，为后面的进一步思考判断，激活了"在场"思维。在"现场"情境中，站在不同人物的角度理解孔君平和杨氏子的想法，也就是读懂了文本的"言外之意"。

以文化人，这是文言文学习的应有之义，也是2022年版课程标准在核心素养发展上的重点关注之一。这节课，几乎每个环节都有优秀传统文化的感知和渗透，而且是以语言体验的方式。教师看似信手拈来的评价，引用诗句，结合经典，将以文化人做到润物细无声。

这节课，听来，舒服。

⑮ 自相矛盾①

楚人有鬻②盾与矛者，誉之曰："吾盾之坚，物莫能陷③也。"又誉其矛曰："吾矛之利，于物无不陷也。"或④曰："以子之矛陷子之盾，何如？"其人弗能应也。夫⑤不可陷之盾与无不陷之矛，不可同世而立。

注释

① 本文选自《韩非子·难一》。
② 〔鬻〕卖。
③ 〔陷〕刺破。
④ 〔或〕有的人。
⑤ 〔夫〕放在句首，表示将发议论。

吾	弗	夫

矛	盾	誉	吾

◎ 正确、流利地朗读课文。背诵课文。

◎ 联系上下文，猜测加点字的意思。

◇ 誉之曰："吾盾之坚，物莫能陷也。"

◇ 其人弗能应也。

◇ 不可同世而立。

◎ 想一想："其人弗能应也"的原因是什么？

◎ 用自己的话讲讲这个故事。

84

192

《自相矛盾》教材解读

问渠那得清如许 为有源头活水来

在我国思想文化史上，有一个群星璀璨的时期，那就是春秋战国时期。这一时期，诸子学说精彩纷呈，法家、道家、墨家、儒家、阴阳家、名家、杂家、农家、小说家、纵横家、兵家、医家等纷纷登场，著书立说。其中的法家是战国时期的重要学派之一，因主张以法治国，"不别亲疏，不殊贵贱，一断于法"，故称之为法家。春秋时期，管仲、子产即是法家的先驱。战国初期，李悝、商鞅、申不害、慎到等开创了法家学派。至战国末期，韩非综合商鞅的"法"、慎到的"势"和申不害的"术"，集法家思想学说之大成。

韩非把自己的学术主张凝结为《韩非子》一书。在统编本小学语文教材中，编者精心遴选了两篇选自《韩非子》的文章，一篇为三年级下册的《守株待兔》，另一篇为五年级下册的《自相矛盾》。巧合的是，两篇文章均是寓言故事。

"寓言"一词最早见于《庄子》："寓言十九，重言十七，卮言日出，和以天倪。"所谓寓言，就是寄寓的言论。《庄子》阐述道理和主张，常假托于故事人物，寓言的方法正是《庄子》语言表达上的一大特色。因寓言是用生动的故事来寄托意味深长的道理，给人以启示，使人以信服，所以，寓言赢得了人们的喜爱。

寓言虽好，可是，用文言写成的寓言，会不会对学生的理解造成障碍呢？我们现在就把目光投向课文。

《自相矛盾》讲述了假托的楚人"鬻盾与矛"的故事。故事开篇，即是"楚人"的自卖自夸，结果是路人一语破的，而楚人"弗能应也"，篇末自然地点明道理。这正如严文井先生所言："寓言是一个怪物，当它朝你走过来的时候，分明是一个故事，生动活泼；而当它转身要走开的时候，却突然变成了一个哲理，严肃认真。"

简单而有趣的故事，通俗而鲜明地说理，再加上精准的注释以及学生的文言基础，无疑降低了学习的难读。我们知道，统编本教材的编排特点，其中之一就是每一个单元都有"单元要素"。本单元的语文要素是"了解人物的思维过程，加深对课文内容的理解"。

了解人物的思维过程，这既是目的，又是策略。捷克教育家夸美纽斯曾说："一切知识都是从感官开始的。"事实的确如此，创设教学情境是模拟生活，使课堂教学更接近现实生活，使学生如临其境，如见其人，如闻其声，加强感知，突出体验，引发积极学习的情感反应。《自相矛盾》中的故事就发生在熙熙攘攘的大街上，卖者自当高声叫卖，"王婆卖瓜，自卖自夸"亦在情理之中；旁观的路人却对卖者的自夸心知肚明，犹如隔岸观火。于是，各说各话，各讲各理。在起起伏伏的故事情节中，道理水到渠成，寓言托理于事的特点也表现得淋漓尽致。

依赖于创设情境，让学生在朗读中入境，在情境中会意，在会意中理清思维，从而理解了课文的内容，落实了本单元的语文要素。处于情境之中的学生，敞开了自己的心灵，觉醒了自己的知觉，心在境中游，妙然会于心，消解文言文的壁垒于无形。

在理清了"楚人"和路人的思维之后，学生掌握了思维的生发原因。

在此基础上，老师带领学生走进作者思维的天空，一探究竟，学用结合，从而加深了对文章的理解，回扣单元要素。我们知道，在小学阶段，选录的文言文为数不多，而文言知识却林林总总，教学时，应立足文本个性，渗透文言知识，积累文言语感，落实一课一得，织就知识网络。

韩军老师说："没有文言，我们找不到回家的路。"是的，老师在课堂上领着孩子们读文言，晓思维，明义理，懂文化，沿波讨源。循着文言的路，引着师生通达文化的境域，自然而然地进行文化的传承与理解，垂远百世，沾溉后人。

今人不见古时月，今月曾经照古人

——统编版教材五年级（下）第15课《自相矛盾》之教学实录与评析

点评：王冬精　《小学教学设计》（语文）主编

单位：山西省教育科学研究院

【教学目标】

1.认识"吾、弗"等生字，读准多音字"夫"，会写"矛、盾"等四个字。

2.正确、流利地朗读课文，背诵课文。

3.理解课文的意思，说说故事中人物的不同想法。

【教学过程】

第一板块　朗读之中识文言

师：同学们，思维的火花跨越时空，照亮昨天、今天和明天。这是编者送给我们的一句话。从中，你感受到了什么？

生：思维是非常重要的。

生：人们每时每刻都要思考，离不开思考。

师：的确是这样。那么，大家知道"昨天"这个词指的是什么吗？

生：历史。

师：是的，我们都知道中华民族是一个有着悠久历史的民族，这绵长的历史是用什么样的文章样式记载下来并流传至今的呢？

生：文言文。

师：我们不愧是五年级的学生了，知道得真不少！接下来，我们就来学习一篇文言文——《自相矛盾》，一起跨越时空，看看古人是如何思考的吧。（教师板书课题，学生齐读）

师：这篇文章的意思想必大家已经了解了，爸爸妈妈早就给我们讲过这个故事了，是吧？（学生点头表示同意）懂得了意思，更有利于我们的朗读，现在请大家捧起书，借助拼音，大声把课文读一读，注意体会句读，把自己认为难读的句子画下来。（学生认真朗读课文）

生："楚人有鬻矛与盾者"，我认为这句话比较难读。

师：大家的智慧是无穷的，谁来帮帮他？

生：这句话应该这样读：楚人/有鬻/矛与盾者。"楚人"说的是这个人的国籍，"有鬻"说的是他在干什么，意思不同，所以，要停顿一下，让听的人明白。

师：谢谢你分享的好方法，根据意思来停顿。我们曾经学过的《守株待兔》，有着类似的表达。（课件出示）

楚人有鬻矛与盾者。

——《自相矛盾》

宋人有耕者。

——《守株待兔》

"楚人"就是楚国人，楚地人。我们班的同学来自全国各地，谁能利用自己省份的简称介绍一下自己？

生：粤人有勤学者。

生：闽人有酷爱篮球者。

生：湘人有不怕辣者。

师：学了就能马上用，注意句读意分明，书本上的知识就是我们自己的了。

生："物/莫能陷也"，这句话是楚国人在夸奖自己的盾，不管什么东西都刺不破，"物"是他在强调所有的东西，所以，要停顿一下。"于物无不陷也"，是一样的道理。

师：停顿得当，说话分明，你的表达有条有理，说明你的思维是清清楚楚一条线，不是模模糊糊一大片。

生："夫不可陷之盾与无不陷之矛，不可同世而立。"这是一个长句子，我看到注释，"夫"表示要发议论了，这个字后面的内容就是作者的议论，因此，"夫"后面要停顿。

师：看来注释不仅能帮助我们理解，还能帮助我们朗读，这个小助手可得要用好。

生：我有补充，"不可陷之盾"和"无不陷之矛"，指的是两个不能同时出现的东西，需要特别强调，所以"与"的前后都要停顿。

师：课堂就是我们的学堂，思维就在这学堂中彼此碰撞。大家你一言我一语，我们顺顺利利地明确了文章的句读。一句话的意思表达完了就是"句"，表达没有完的就是"读"。现在我们捧起书，再来好好地读读课文。（学生再次朗读课文）

（点评：小学文言文教什么？首先应当是让学生通过学习一篇篇浅近生动有趣的文言文，激发起孩子对文言文的兴趣，为初中学习文言文奠定基础；其次是借助教材的14篇文言文，让孩子习得阅读文言文的方法；最后是渗透中华传统文化，汲取精神食粮。）

诵读是学习文言文十分重要的一环。小学阶段选入教材的14篇文言文课后习题，每一篇都要求朗读并背诵。这是刚性要求，也是传承中华文化的首要途径。丁老师开篇就把重心放在这里，是抓住了教学文言文的牛鼻子。

在这一部分的教学中，丁老师十分注重学生诵读文言文的方法的渗透，通过让学生教学生的方式，巧妙地进行了知识的传授。比如诵读的停顿，学生这样解释：这句话应该这样读：楚人/有鬻/矛与盾者。"楚人"说的是这个人的国籍，"有鬻"说的是他在干什么，意思不同，所以，要停顿一下，让听的人明白。在什么地方停顿，为什么在这里停顿。不仅让学生知道在哪里停顿，还要明白为什么在这里停顿。这就是学习文言文诵读的方法渗透。还有，老师说：我们曾经学过的《守株待兔》，有着类似的表达。（课件出示）

楚人有鬻矛与盾者。

——《自相矛盾》

宋人有耕者。

——《守株待兔》

这是渗透勾连旧知，诵读文言文的方法。由此可以看出，丁老师十分注重对学生进行诵读方法的渗透及运用，这是十分可喜的做法。）

第二板块　情境之中明矛盾

师：在琅琅书声中，我们读熟了课文，都说"书读百遍，其义自见"，现在就看看我们读懂了没有？请看划线字：（课件出示）

楚人有鬻矛与盾者，誉之曰。

生：夸。

生：赞美。

师：夫不可陷之盾与无不陷之矛，不可同世而立。

生：存在。

师：大家的理解很不错。课前，老师翻阅《现代汉语词典》，查到了"誉"和"立"的意思，比较常用的有这样几种，大家请看：（屏幕出示）

誉：

① 名声（多指好的）；

②赞扬。

立：

①站立，竖立；

②建立；

③存在，生存。

生：我发现"誉"和"立"的意思和现在差不多。

生：我有补充，它们的意思有变化，不完全一样。

师：面对一种现象，只要我们开动脑筋思考，就会有发现。东汉时期的《说文解字》是我国第一部考究字源的文字学著作，是中国历史上的第一部字书。看看这本书里面如何解释"誉"和"立"的。（课件出示）

誉，偁也。（偁 chēng，同"称"）

立，侸也。（侸 shù，同"树"）

生：它们的意思和今天依然有联系。

师：是啊，如果把一个字比作一棵树的话，那么，在漫长的历史长河里，演变出来的一个一个的含义，就像是树上接出来的果子，"本是同根生"，联系千万缕，这就是识今通古。来吧，现在就让我们跨越时空，来结识那位楚人。请闭目听老师读。（老师朗读文本，学生闭目静听）

生：我仿佛来到了大街上，大街上人来人往，热闹非凡。

生：我仿佛听到了此起彼伏的叫卖声。

师：那是怎么叫卖的呢？

生：卖西瓜喽，又大又圆的西瓜！

生：卖萝卜啊卖萝卜，自家种的萝卜！

师：那一定是自家种的绿色萝卜。在这熙熙攘攘的人群里，一个特别的声音穿过嘈杂，传进了我们的耳朵里。

生：吾盾之坚，物莫能陷也。吾矛之利，于物无不陷也。

师：都说"王婆卖瓜，自卖自夸"。想想也是人之常情。楚人说的话就是现场版的广告，"楚人"在哪里，"楚人"在哪里？（老师举手示意学生，参与朗读的学生陆续举手）

师：我们就请这几位楚人来夸夸自己的矛和盾。听话听音，大家注意听他们的叫卖，究竟想告诉我们什么。

生：（手拿课本）快来瞧快来看，吾盾之坚，物莫能陷也。（重音落在"坚"和"物"两个字上）吾矛之利（举起自己的笔），于物无不陷也。（重音落在"利"和"物"两个字上）

师：拿起简简单单的道具就能开始表演，说明你走进了文本。作为围观的群众，你听出了什么？

生：楚人很自信，相信自己卖的东西质量比较好。

生：楚人说自己的盾非常坚固结实，不管什么东西都刺不破。

师：声音传递的就是自己的内心。我们再请别的"楚人"叫卖。

生：（举起课本，面带笑容）走过路过不要错过喽，买矛的、买盾的快过来看一看吧，吾（拍着胸脯）盾之坚，物莫能陷也。吾（拍着胸脯，高举起笔）矛之利，于物无不陷也。（重音落在"坚""莫能""利""无不"四个字词上面，学生自发鼓掌）

师：好一个口齿伶俐的商人！表演让我们复活了文字，走进了情境，同时，我们也知道了买东西的人总想买到心仪的东西，卖东西的人总希望卖个好价钱，所以，夸赞自己的商品也在情理之中。

（点评：抓住关键字："誉""立"一是让学生明白文言文古今意思有传承，有演变，有引申，不能完全照搬现代意思揣摩文言文，也不能脱离语境理解文言文的意思；二是这两个字也是理解全文的关键字。因为要把东西卖出去，所以须"誉"；又因为太"誉"，引起路人的反思，进而揭开商人的伎俩；"誉"还是学生理解文本的抓手，教师借"誉"，创设情境，让学生亲历亲为，体验一把商人瘾，过了一把销售瘾，为理解文本，体会各自思维奠定基础。）

第三板块　思索之中晓文化

师：这一切都被一个路人看在了眼里，谁来读读路人的话？（课件出示）

以子之矛陷子之盾，何如？

生：以子之矛陷子之盾，何如？（语速缓慢）

生：以子之矛陷子之盾，何如？（语速较快）

师：不同的性格，不同的理解，都会造成朗读的差异。谈谈你听后的感受。

生：缓慢地读，说话的人好像若有所思。

生：刺不破的盾和什么都能刺破的矛，是不可能都存在的。快速地读，说明说话的人已经心知肚明了，就质问楚人。

师：缓慢也好，快速也罢，符合情境的都是合理的。我们以书当盾，以笔作矛，男生做楚人，女生为路人，老师来读旁白，用朗读再现当时的情境。（师生合作朗读，表演中复现场景，学生热情参与）

师：立场不同，想法也就不同。我们一起来说说楚人和路人都是怎么想的。

生：楚人想卖矛和盾，就夸夸矛和盾，结果被路人指出了问题，变得哑口无言。

生：路人站在楚人面前，了解了这一切，发现问题就指出来。

生：正是因为他们的想法不一样，所以，思维不一样。

师：看来了解了人物的思维过程，我们也就对课文的内容多了一份理解，真是一举两得。有一句诗是这样说的：你站在桥上看风景，看风景人在楼上看你。套用这句诗再来看我们的这篇文章，路人在看路人，分明有一双眼睛在注视着他们两个，这个人就是作者——韩非子。说说你了解的韩非子。

生：韩非子是著名的思想家。

生：韩非的著作，不是他本人亲笔写的，而是他逝世后，后人整理编写的。

生：韩非是法家思想的代表人物。

师：老师和大家一样，也搜集了一些韩非子的资料。（课件出示）

韩非，战国末期韩国人，是中国古代法家思想的代表人物，后世称"韩子"或"韩非子"。韩非首先提出了矛盾学说，用矛和盾的寓言故事，说明道理。韩非的文章善于用寓言故事和历史知识作为论证资料，说明抽象的道理，说理精密，议论透辟，推证事理，切中要害，警策世人。

生：韩非子第一个提出了矛盾的学说。

生：韩非子的文章善于用语言故事讲述道理。

师：我们学习文章要抓住文章的独特之处，文章的独特之处体现的就是作者最独特、最具个性的地方。这两位同学的发言就很好地抓住了这一点。

生："自相矛盾"是一个寓言故事。

师：我们都知道寓言故事就是通过一个小故事来讲道理。那么，《自相矛盾》这个故事讲述了什么道理？

生：夫不可陷之盾与无不陷之矛，不可同世而立。

师：你用原文准确地回答，一语中的。"夫"在这里读"fú"，用在句子的最前面，表示将要发表自己的看法。联系课文内容，谁再来说说自己的理解。

生：永远刺不破的盾，是非常结实的；什么都能够刺穿的矛，就能够刺破所有的盾。

生：永远刺不破的盾，就能抵挡所有的矛，不管怎么刺，就是刺不破。

而无论什么都能刺穿的矛，就可以刺破所有的盾。

师：所以说，夫不可陷之盾与无不陷之矛，不可同世而立。作者正是明白了这一切，所以，通过这个故事，告诉了我们自相矛盾的道理。在告诉我们道理的时候，作者用了一个特殊的字眼，你发现了吗？

生：是"夫"字，注释里面说得很清楚，"夫"放在最前面，表示将发表议论。

师：是的，我们今天的人有今天的表达习惯，古人自然有他们自己的表达习惯。请大家看类似的句子：（课件出示）

夫战，勇气也。一鼓作气，再而衰，三而竭。

——（春秋）左丘明《左传》

夫市之无虎也明矣，然而三人言而成虎。

——（韩）韩非《韩非子·内储说上》

夫缀文者情动而辞发，观文者披文以入情。

——（梁）刘勰《文心雕龙》

夫君子之行，静以修身，俭以养德。非淡泊无以明志，非宁静无以致远。

——（三国）诸葛亮

师：四位作者，不同的朝代，却在生发议论的时候有着不约而同的选择。这就是非常有意思的文言现象，循着这个规律，我们也将找到通往学习文言文的康庄大道。

（点评：寓言故事，明白其中隐含的道理是阅读的目的。在这个单元还承担着落实"了解人物的思维过程，加深对课文内容的理解"语文要素的重担。二者相符相成，只有理解了商人与路人的思维，才能明白寓言传递的道理，也只有在思索寓言道理的过程中，才能发现商人与路人的思维方式。这个过程，一靠读，二靠悟，三靠情境再现，四靠点拨。学生"缓慢地读，说话的人好像若有所思"，一方面符合当时情境，另外一方面也是路人思索真实过程。这是读与悟。"师生合作朗读，表演中复现场景"，这是明显借情境再现，让学生体会、体验、感悟思维过程。"你站在桥上看风景，看风景人在楼上看你。"这就属于点拨了，上了一个层次与高度。让学生从文本中来，又跳出文本，给学生一个宽阔的阅读视野，明白寓言背后的故事。）

总 评
扎实基石　体现特色

从文本的解读到教学的过程，体现了教师扎实的文言文功底、宽广的视域、精准的策略、明确的教学目标。概括而言，本课具有以下值得关注之处：

一、扎实的解读能力是上好课的基石

丁老师的解读既围绕教材、课标，又基于学情；既立足语文要素，又扩大教师视野。体现了他对教材文本的多层次、多角度、多元化的理解。寓言故事，不知者甚少，文本解读时随手普及一下寓言的背景渊源，探索一下它的来龙去脉，无疑增加了文本解读的厚度与深度，拓宽了读者视野。寓言的出现时代：春秋战国；寓言的代表作者：韩非子；寓言的使命：生动的故事来寄托意味深长的道理，给人以启示；寓言入选教材的用意:《守株待兔》明确寓言意义,《自相矛盾》训练学生思维能力。一如小标题："问渠那得清如许 为有源头活水来"。前事今生，讲得清清楚楚，明明白白，给读者广阔的阅读视野。

二、体现文言文教学的特色

教学中，丁老师分三个方面进行。诵读、背诵是第一方面，也是相对重要环节；对文言文理解的方法渗透，比如关注注释、勾连旧知、特殊词语解读等等，这是第二方面；提供支架，比如情境设置、背景资料

的介入、教师适当的点拨，这是第三方面。

三、精准把握文言文教学与落实单元语文要素之间的关系

学习文言文是落实单元语文要素的基础，落实单元语文要素又是为学生理解文言文服务。丁老师巧妙地将二者组合起来，精准完成教学目标。处理好落实语文要素与传承中华传统文化的关系。二者相互依存，共同承载起落实语文核心素养的重担。比如寓言文化的介绍，汉字文化的渗透等等，都给人以启迪。

需要商榷的是本课例中教学手段相对来说比较中规中矩，如果能够适当引进任务驱动，项目化学习就好了。这样教材中要求的讲故事任务估计就能顺便完成。

㉒　文言文二则

伯牙鼓琴①

　　伯牙鼓琴，锺子期听之。方鼓琴而志②在太山③，锺子期曰："善哉④乎鼓琴，巍巍乎若太山⑤。"少选⑥之间而志在流水，锺子期又曰："善哉乎鼓琴，汤汤乎若流水⑦。"锺子期死，伯牙破琴绝弦，终身不复鼓琴，以为世无足复为鼓琴者⑧。

注释

① 本文选自《吕氏春秋·本味》。鼓，弹。
② 〔志〕心志，情志。
③ 〔太山〕泛指大山、高山。一说指东岳泰山。
④ 〔善哉〕好啊。
⑤ 〔巍巍乎若太山〕像大山一样高峻。巍巍，高大的样子。若，像。
⑥ 〔少选〕一会儿，不久。
⑦ 〔汤汤乎若流水〕像流水一样浩荡。汤汤，水流大而急的样子。
⑧ 〔以为世无足复为鼓琴者〕认为世上再没有值得他为之弹琴的人了。

102

哉 巍 弦 锦 曝 矣

- ⚇ 正确、流利地朗读课文。背诵《伯牙鼓琴》。
- ⚇ "伯牙破琴绝弦，终身不复鼓琴，以为世无足复为鼓琴者。"说说这句话的意思，再结合"资料袋"和同学交流感受。
- ⚇ 用自己的话讲讲《书戴嵩画牛》的故事。

🎴 资料袋

　　伯牙、锺子期相传为春秋时期人，关于他们二人成为知音的传说，《吕氏春秋》《列子》等古书均有记载，也流传于民间。由于这个传说，人们把真正了解自己的人叫作"知音"，用"高山流水"比喻知音难觅或乐曲高妙。

　　我国古诗常提及伯牙、锺子期的传说，如：

锺期一见知，山水千秋闻。　　——孟浩然《示孟郊》

锺期久已没，世上无知音。　　——李白《月夜听卢子顺弹琴》

故人舍我归黄壤，流水高山心自知。　——王安石《伯牙》

104

《文言文二则》之《伯牙鼓琴》教材解读

此曲终兮不复弹　三尺瑶琴为君死

万物皆有源。

"知音"一词，最早见于《礼记·乐记》："审音以知乐。""不知音者，不可与言乐"。"审音""知乐""知音"，不知是哪位先贤聆音察理，预设了这样的知音密码？

时节如流，岁月不居，只到有一天，时光老人终于驻足片刻，为伯牙和子期的相遇。伯牙，宫廷琴师，名扬天下；子期，山野樵夫，籍籍无名。他俩被时光之手轻轻一拨，于是，就有了千古传唱的知音佳话，伯牙鼓琴成了知音的最美注脚。

《伯牙鼓琴》选自《吕氏春秋·本味》。课文只有短短的四句话，却成了家喻户晓的经典，不得不令人称奇。第一句，"伯牙鼓琴，锺子期听之。"人海相遇，二人以琴为媒，悠悠的琴声拉开了知音的大幕。第二三两句，伯牙鼓琴，子期静听，不时发出赞叹："善哉乎鼓琴。"不仅如此，伯牙的琴声还引发了子期的想象，巍巍太山，汤汤流水，仿佛身临其境。这恰恰是音乐的独特魅力。第四句，出乎意料的结局。当伯牙破琴之时，喜悦不在，悲痛满腔，因为"世无足复为鼓琴者"。

琴对于琴师极为重要，自不待言。相传，伯牙的琴是名贵的伏羲琴，价值连城，而伯牙宁愿摔琴。不知诸君读到这里的时候，心中是否疑窦丛生？伯牙和子期原本天各一方，素昧平生。虽有短暂的相遇，但是，并无刻骨铭心之处，而"伯牙破琴绝弦，终身不复鼓琴，以为世无足复为鼓琴者"。多么痛心！多么绝然！为消散心头的疑云，我们须反观文本，进行细读。

潜心涵泳之际，一个个灵动的字眼扑面而来，一幅幅感人的画面摇曳心神，一次次心灵的回响动人肺腑。比如"志"这个字眼。伯牙把心中所想流于指尖，拨动琴弦，以琴为口，诉说衷肠。坐在对面的子期欣然会意，用心称赞。此乃"知乐"。

《孟子·万章下》中曾言："颂其诗，读其书，不知其人可乎？是以论其世也。"我们思维的触角需跨越千载，触摸伯牙真实的内心世界。伯牙，虽为宫廷琴师，除去宫廷的光环，伯牙就是一个琴师，一个以弹琴供王公贵族娱乐的艺人而已。而真实的伯牙却"志在高山"，心底藏着像高山一样远大的志向；"志在流水"，心中装着像流水一样广博的胸襟。心中的话无处诉说，心中的苦无人能懂，那时那地，伯牙何其苦闷！何其煎熬！

一个偶然的机会，一次百无聊赖的出行，一处天然的山林，一场心与心的交响，成就了一个传奇。萍水相逢本陌生，竟了胸中无限情。人间何事最可乐？高山流水遇知音。此乃"知志""知音"。

于是，二人相约，来年相见。遗憾的是，天意弄人，伯牙看到的只有子期冰冷的墓碑。"忆昔去年春，江边曾会君。今日重来访，不见知音人。但见一抔土，惨然伤我心！伤心伤心复伤心，不忍泪珠纷。来欢去何苦，江畔起愁云。子期子期兮，你我千金义，历尽天涯无足语。此曲终兮不复弹，三尺瑶琴为君死！"江水呜咽，诉不尽伯牙的撕心裂肺，从感情的缘起上说，破琴已成必然。

作为读者的我们，此时此刻，心也随着那瑶琴碎了。悲痛欲绝的伯牙，回荡在耳边的声声应和，幽幽飘来的"高山流水"，共同留驻在肝肠寸断的我们的心底。这就是悲剧的魅力。它把最美好的东西狠狠地毁灭在我们面前，让我们在痛惜中知道了珍惜。与此同时，我们在悲剧的再生中实现了自我的拯救。

恩格斯认为："悲剧所反映的矛盾是历史的必然要求和这个要求的实际上不可能实现之间的悲剧性冲突。"那么，只有四句话的《伯牙鼓琴》是如何制造冲突的呢？一言以蔽之——一波三折的情节。

第一句，拉开了美美的相遇序幕；第二三句，持续推升，加深了甜甜的相知相惜；第四句，情节陡转，美好破碎，刺破了仿佛泡沫一样脆弱的美好瞬间。就在这情节的起起伏伏中，我们也正经历着伯牙的经历，快乐着伯牙的快乐，痛苦着伯牙的痛苦。这一切都得益于情节的一波三折所造成的巨大张力，更何况文本本身就是一个召唤结构。所以，我们不知不觉地被卷入其中。

伯牙和子期的知音故事自《吕氏春秋》始记之后，在史书和民间传说中广为流传，并留下不少传说性、纪念性遗址，而且在代代相因的传承和发挥中，形成了知音文化。知音文化既是音乐文化，更是情感文化，是属于我们民族的集体记忆。

黄金万两容易得，知音一个也难求

——统编版教材六（上）第21课《文言文二则》之《伯牙鼓琴》

教学实录与评析

点评：严考全　东莞市教育局教研室副主任

单位：东莞市教育局教研室

【教学目标】

1.借助拼音，认读生字，会写"哉、巍、弦"三个生字；

2.正确、流利地朗读课文，背诵课文；

3.借助注释，理解课文大意，感受"知音"之间的美好和"知音"文化。

【教学过程】

第一版块　人海茫茫逢知音

师：子曰："有朋自远方来，不亦说乎？"拥有朋友，多么幸福！古人把对朋友的珍重，对友情的珍惜都藏在了诗句里。这方面的诗句，相信大家都积累了很多。

生：桃花潭水深千尺，不及汪伦送我情。

师：这是李白和孟浩然之间的友情。在我们班，你的好朋友是谁？（生指另外一生，该生起立）请把这句诗送给你的朋友。（生对朋友读诗）

师：作为他的朋友，听朋友借诗传情，你有怎样的感受？

生：我感觉很幸福。

生：劝君更尽一杯酒，西出阳关无故人。

师：这是王维和元二之间的友情。请把这句诗送给你的朋友。（生对朋友读诗）作为朋友，听到朋友如此情深义重的叮咛，你有怎样的感受？

生：我觉得很满足。

生：莫愁前路无知己，天下谁人不识君。

师：这是高适和董大之间的友情，老师也请你把这句诗送给你的朋友。（生对朋友读诗）作为朋友，听到朋友如此发自肺腑的安慰，你有着怎样的感受？

生：我感觉很快乐，很幸运。

（点评：如何高效导入新课，做到既激发学生的学习兴趣，又能为新课的学习做好准备，这是每一个老师必须面对的问题。丁老师借助古诗诠释友情，再通过送诗的方式，让友情温暖着每一颗心，更酝酿了情感，为这节课做好了心理铺垫，一举多得。）

师：一份友情，两颗真心，三生有幸。所以，列夫·托尔斯泰无限感慨地说："人生在世，有个朋友是一种福气。"这份福气也萦绕在伯牙和子期之间，于是，就产生了最扣人心弦的友情。我们先来认识一下伯牙。（课件出示）

伯牙是一位宫廷琴师，琴技高超，名满天下。

师：这样的伯牙留给了你怎样的印象？

生：伯牙因为琴技高超，所以，他的美名传遍天下。

生：伯牙是在宫廷弹琴的。

师：在宫廷弹琴，是弹给那些达官显贵、王公贵族们听的。这样的伯牙生活上应该是怎样的呢？

生：吃得好，穿得好，很富足，很满意，很快乐。

师：我们接着看另一则资料。（课件出示）

乐师地位低下，形同奴隶，靠弹琴供主人享乐，常常像礼品一样被送来送去。

生：伯牙是一个人，怎么可以被当作礼品送来送去？

师：伯牙连基本的人格都没有。

生：伯牙虽然拥有高超的琴技，但是，也仅仅是供主人享乐。

师：你似乎触摸到了伯牙的心痛。

生：伯牙的心已经碎了。

师：破碎的心，该怎样才能修复？一次偶然的机会，伯牙带着复杂的心情出使楚国，路上下了大雨。在山洞里躲雨的伯牙就抚琴打发无聊的时光。上天眷顾，子期刚好路过。于是，就有了我们在课文中读到的情境。（学生齐读课文）

（点评：老师带领学生从文本的表面滑过，收获是非常有限的。如何深入文本内核？通过资料的拓展，无疑是一个实用的好办法。丁老师通过资料的补充，带着孩子们走近伯牙，一直走进他的内心深处。在资料的选择上，教者是匠心独具的，当真实的伯牙呈现在学生面前的时候，第一次心里的撞击就开始了。"转轴拨弦三两声，未成曲调先有情"，课就这样向前推进着。）

第二版块　声声诵读识知音

师：作为六年级的学生，我们积累了一定的学习文言文的经验。学习文言文离不开什么？

生：读，读出停顿，借助注释理解意思，思考。

师：读的确是学习文言文的法宝。请同桌之间互相听读，注意停顿。（学生同桌之间互读）

师：谁来试着读读屏幕上的句子，请特别注意语气词"哉"和"乎"，其他同学认真倾听，做一个合格的评委。（课件出示）

善哉乎鼓琴，巍巍乎若太山。

善哉乎鼓琴，汤汤乎若流水。

（一生读，很熟练，对语气词稍稍有拖音）

生：他读得很流利，但是，对语气词的拖音还可以再长一些。

师：一个好的评价者必定是一个好的示范者，请你来读一读。

（生读，对语气词的处理恰到好处）

生：我听出了子期内心的赞叹，因为伯牙的琴技太高超了。

生：我看了注释，"善哉"的意思就是"好啊"，我们自己观看演出或者去博物馆欣赏艺术品的时候，也会叫好。

师：艺术是没有时间界限的。在读文言文的时候，我们一延长，一拖音，藏在文字里的味道就出来了。带着这样的体会，我们再来读一读这两句话。（生对课件上的句子朗读）

（点评：教师备课，不仅要备教材，更要备学生。掌握了学情，才能准确定位，精准施策。正是做到了这一点，丁老师在学生朗读之后直奔难点，利利落落。既让学生读会了，更让学生会读了，"在读文言文的时候，我们一延长，一拖音，藏在文字里的味道就出来了。"）

师：刚刚那位同学说起借助注释理解意思，这个方法简单而有效。课本上的注释，预习的时候大家都认真看了吧？（学生点头表示同意）

现在，老师来读原文，大家读注释。

师：巍巍乎若太山——

生：像大山一样高大险峻——

师：汤汤乎若流水——

生：像流水一样浩荡——

师：善哉乎鼓琴，巍巍乎若太山——

生：好啊好啊，像大山一样高峻。

师：这样说是不是少了点什么，完整吗？

生：好啊好啊，你的琴声像大山一样高峻。

生：好啊好啊，你的琴声让我想到了高峻的大山。

师：琴声引发了子期的想象。这也告诉我们注意文言文当中的省略现象。来吧，我们继续读。善哉乎鼓琴，汤汤乎若流水。

生：好啊好啊，你的琴声让我想到了浩荡的大河。

师：现在，我们交换，老师读翻译，大家读原文。

（师生交换角色练读）

师：我们彼此的话音刚落，对方的声音就响起来了，我们之间的配合简直天衣无缝。这种感觉叫什么？

生：一呼一应，唱和，默契。

（点评：借助注释是帮助学生理解课文的好办法。以师生对读的形式呈现注释是别出心裁的，因为意思已经很明了，无需多言，以读代讲；而从师生此起彼落的配合里演绎出默契时的心理相印则是老师的匠心独运。教学的魅力往往就藏在精妙的细节当中。）

师：我们的这种默契是在老师的指引之下才产生的，课文里潜藏着一种真正的默契。请大家默读课文，仔细找一找。

生：我找到了，就是伯牙弹琴，子期听伯牙弹琴。

师：请你读读相关的句子。

生：方鼓琴而志在太山……若流水。

师：真正的默契是怎么样的呢？请同桌之间配合着读一读。（学生同桌之间练读）

师：哪一对同桌愿意为我们再现这天衣无缝的默契？（一对同桌起

立走向讲台）让我们端正坐姿，侧耳倾听，感受那一刻。

（学生配合读，彼此配合得很好，但不是很放松）

师：第一次登台朗读就配合得那么好，说明你们两个之间的友情一定很深。谢谢，请回。现在，老师删去提示语，大家再来读，配合起来会更流畅。（课件出示，学生再次练读）

方鼓琴而志在太山

善哉乎鼓琴，巍巍乎若太山

少选之间而志在流水

善哉乎鼓琴，汤汤乎若流水

师：大家读得热火朝天，老师也想加入这个行列。老师扮演伯牙，我们一起来读。方鼓琴而志在太山——（语速较慢，突出"志在太山"）

生：善哉乎鼓琴，巍巍乎若太山。（突出"太山"）

师：少选之间而志在流水——（语速加快，突出"志在流水"）

生：善哉乎鼓琴，汤汤乎若流水。（突出"流水"）

师：我志在太山，子期的心里立刻想到了——

生：太山。

师：我志在流水，子期的心里立刻想到了——

生：流水。

师：我想到什么，子期的心里紧跟着就想到什么，这就叫知心。

（点评：真正的默契不仅仅是外显的声音呼应，而是内隐的心与心的交响。如何带领学生认识到伯牙和子期之间的知心情谊？丁老师在"默契"的基础上，不断地向纵深开掘，他的钻头是读。在这个环节中，丁老师注重激发学生的想象，引导学生读中思、读中悟，走进人物的内心。读的作用得到充分发挥，时慢时快的节奏、时轻时重的语气都富于变化，而永远不变的是伯牙与子期的心心相印，这就是"知心"。)

第三版块　破琴绝弦惜知音

师：此时此刻，伯牙的心里想到的仅仅是大自然里的太山，仅仅是大自然里的流水吗？今天，我们读到的《伯牙鼓琴》来自于《吕氏春秋》，比这本书早五百多年的古书《列子》同样记述了伯牙和子期的深情厚谊，老师摘录了其中的片断：（课件出示）

伯牙鼓琴，志在高山，钟子期曰："善哉，峨峨兮若泰山！"

志在流水，钟子期曰："善哉，洋洋兮若江河！"

师：借助注释，根据自己的理解，请说说心里的想法。

生：我的理解是这样的，课本上的"太山"就是《列子》里面的"泰山"，注释里面也有说明。

师：你能利用信息，综合考虑，非常难得。

生：泰山和别的大山有什么区别吗？

师：你提出了自己的困惑，谁来试着解答一下。

生：泰山是五岳之尊，是古代的皇帝举行封禅的地方。

师：你的知识真渊博！泰山在我们中国人的心目中意义非凡，被誉为"五岳至尊"。伯牙的心里只是想到了泰山高大的样子吗？请大家看看"志"的注释，或许会有启发。

生：伯牙不仅仅是一个琴师，他也是一个胸怀大志的人。

生：伯牙有着像泰山一样远大的志向。

师：不知不觉间，我们走进了伯牙的内心深处。

生：伯牙还有着博大的胸怀，因为水面总是很宽阔，象征着伯牙的胸怀很宽广。

师：说起水的宽广和浩荡，你会想到流淌在华夏大地上的哪条江、哪条河？

生：长江和黄河，它们是中华民族的母亲河。

师：是啊，正是长江和黄河孕育了古老的中华文明，它们在我们的心目中自然具有特殊的地位。看看我们课本上的版本，用的是"流水"，而《列子》版本里面用的是"江河"，你赞同哪个版本？

生：我认为用"江河"好一些，江河给我的感觉很宽广，有气势。

师：这就是古老的汉字的无穷魅力，说不清道不明，却让你心有所感。

生：我也认为用"江河"好，长江和黄河既浩浩荡荡，又地位特殊。

师：是非对错不是我们在课堂上就能完全弄清楚的，但是，不同的词语一定会带给我们不同的感觉和思考。通过一番比较，我们知道了伯牙把自己的志向融入到琴声里，子期心领神会。来吧，同学们，我们一起诵读，再现那心有灵犀的幸福时刻。（课件出示，学生分角色读）

（点评：何为文化？就是一山一石被历史赋予的意义。何为知音？就是洞悉彼此的心灵、志向。在老师的指引下，学生在破译了"太山""江河"的文化密码之后，伯牙的志向渐渐浮出水面。师生一起探求伯牙最深层次的心理渴求的过程就是浸润知音文化的过程。）

女：方鼓琴而志在太山——

男：善哉乎鼓琴，巍巍乎若太山。

女：少选之间而志在流水——

男：善哉乎鼓琴，汤汤乎若流水。

师：知我之心，唯子期也；知我之志，唯子期也。如果伯牙弹奏给宫廷里的达官显贵们听，他们会怎么说呢？（课件出示，师生对话）

宫廷之内，坐满王公贵族，皆举杯痛饮，一片欢声笑语。伯牙鼓琴，志在高山，_____曰：_____

生：宫廷之内，坐满王公贵族，皆举杯痛饮，一片欢声笑语。伯牙鼓琴，志在高山，一位衣着华丽的少爷曰：你弹的什么呀，乱七八糟的！

师：我志在高山，你说我弹得是乱七八糟？伯牙无奈地摇了摇头。

生：宫廷之内，坐满王公贵族，皆举杯痛饮，一片欢声笑语。伯牙鼓琴，志在流水，一位亲王曰：此乃何人也？真乃乱弹琴也！

师：我志在流水，怎么可能乱弹琴？伯牙深深地叹息着。每每回想起在宫廷里抚琴的黑暗日子，伯牙心里的滋味，心思细腻的同学们，你能体会得到吗？

生：很痛苦，没有人理解他；是一种煎熬；度日如年。

（点评：套用一句网络流行语："没有对比就没有伤害。"这就是伯牙心灵出逃的根本原因。在这个特殊的时刻，教者设计一次动笔写话。学生在提笔写下内心思考的时候，心底里涌起的一定是对知音的渴求。）

师：现在，就在这大山之上，子期就端坐在伯牙的面前，他虽然只是一个樵夫，却懂我心，明我志。我志在高山——

生：善哉乎鼓琴，巍巍乎若太山。

师：我志在流水——

生：善哉乎鼓琴，巍巍乎若太山。

师：古书《列子》记录下那一刻的伯牙：（课件出示，学生齐读）

伯牙乃舍琴而叹曰："善哉，善哉，子之听夫志，想象犹吾心也。吾于何逃声哉？"

人生苦短，知音难求。得遇子期，夫复何求！就在他们心心相印的那一刻，伯牙的生命走向了圆满。于是，二人相约，来年再见。真是造

化弄人，当伯牙兴致勃勃地来找他的子期时，看见的却是冷冰冰的墓碑：（课件出示）

子期死

师：死，一个多么沉痛的字眼！得知这一惊天噩耗，伯牙的心痛有谁能懂？

生：万念俱灰；不想回到灰暗的日子里；世界上再也没有我的知音了；伯牙的心也跟着子期死了。

师：子期走了，伯牙心里的自在消失了，圆满消失了，那灰色的过往不堪回首，所以，伯牙做出了一个惊人的决定：（课件出示，学生齐读）

锺子期死，伯牙破琴绝弦，终身不复鼓琴，以为世无足复为鼓琴者。

师：明代的冯梦龙把"伯牙绝弦"场景记录在了《警世通言》这本书里面：（课件出示，学生齐读）

俞伯牙摔琴谢知音

摔破瑶琴凤尾寒，

子期不在对谁弹。

春风满面皆朋友，

欲觅知音难上难。

——（明）冯梦龙《警世通言》

师："相识满天下，知音能几人？"子期已随黄鹤去，世上再无我知音。这一段感天动地的知音故事，感动着一代又一代的中国人。战国时期，古书《列子》就深刻地镌刻下这对知音的名字：（课件出示，学生齐读）

伯牙鼓琴，锺子期听之。

师：时光飞逝，但无法阻断人们对这对知音的怀念，《吕氏春秋》

221

铭记这伯牙得遇子期的幸福时刻：（课件出示，男生齐读）

方鼓琴而志在太山，锺子期曰："善哉乎鼓琴，巍巍乎若太山。"少选之间而志在流水，锺子期又曰："善哉乎鼓琴，汤汤乎若流水。"

师："锺期久已没，世上无知音。"多少文人墨客借助诗句表达出对知音的感怀：（课件出示，女生齐读）

锺子期死，伯牙破琴绝弦，终身不复鼓琴，以为世无足复为鼓琴者。

师：时光的长河奔腾而过，但高山流水的知音佳话却愈发清晰。明代作家冯梦龙用深情的笔触再现了那心心相印的时刻。（学生齐读全文）

师：就在今天，就在此刻，我们渴望友情的孩子在这科技飞速发展的新时代依旧传扬着伯牙和子期的知音故事。（学生齐读全文）

师：伯牙拥有知音，心得以圆满，痛失知音，便破琴绝弦，心千疮百孔。愿我们都能拥有属于自己的知音。

（点评：拓展资料，记录的是知音；时间流淌，停驻的是知音。在一声声的朗读中，知音文化场建立了，知音文化弥漫课堂，师生共同体味知音的真谛。"愿我们都能拥有属于自己的知音。"不正是我们心底的呼唤吗？）

总　评
做文本的知音　做文化的知音

听一节课，我们究竟要听什么，想听什么？不同的人有着各自的倾向和思考。结合着自己平日里的思考和丁老师的这节课，下面来从文本解读、课堂实施、文化渗透等方面谈一谈这个问题。

首先，我们来看文本解读。文本解读的价值在于实现作者与读者的交流，即通过自己的实际去走进文本，走近作者，形成自己对文本的理解。作为教师的解读，不等同于一般读者的解读。教师要具有中国文化视野，是站在课程之下的解读。虽然说"一千个读者就会有一千个哈姆雷特"，但是，教师的特殊身份让其解读独具特色，这也是文本解读强调读者自身的背景、经验、能力、特质等的原因。

《伯牙鼓琴》是则短小的文言文，只有把它置于广阔的中国文化背景下，才能还文本以本来面目。从丁老师的课堂呈现来看，他能立足于课程的背景下，确定恰当的课时目标；能放眼悠久的中国传统文化，将《伯牙鼓琴》置于历史的坐标，还原出文本的真实面目，合情合理地诠释"知音"。

对一节课而言，有着怎样的文本解读，就会有着怎样的课堂定位和课堂指向。文本解读确定了一节课的旨归和基调，好像一个大树的根，根深方能叶茂。

接着，我们来聊聊课堂实施。在文本解读中，稀释出来的东西将转化为教学目标。语文作为一门独立的学科，是工具性和人文性的统一。它独特的学科属性就在无形中决定了语文课堂教学的方式方法。张志公先生说："目前，新花样，新术语，华而不实的玩意，患多不患少；新方法，可操作的，行之有效的，患少不患多。要总结出可操作的实用的方法，提高教学效率。"刘国正先生也说："语文教学要返璞归真。""这'璞'和'真'指的是中国的中小学生学习中国语文的朴素规律。"综合思考两位老先生的话，那就是语文课堂的教学目标应该用语文的教学方式来实现。

在导入环节，丁老师采用背诵友情古诗的方式开启新课。一句句经典的古诗，一次次真诚的古诗相送，让课堂荡漾着友谊的美好。在朗读指导环节，师生对读，书声琅琅，既促进理解，又活化默契，相得益彰。将"太山""江河"置于广阔的中国文化背景下，通过辨析，让学生知伯牙之"志"。在破解知音密码的时候，教师拓展资料，让学生感受知音的文化因子，教师又将散落在文化长河中的知音珍珠用时间串联起来，用引读的方式逐步呈现，渐渐打开一扇通往知音文化的大门。

读书之法，在于循序渐进，熟读而精思，整节课以读为主线，丁老师善于创设朗读的情景，激发学生想象，走进人物内心，引导学生在读中思、读中写、读中品、读中悟。在朗读环节，老师进行步步深入、环环相扣的教学设计，一步一个脚印地让学生在不同层次准确到位的朗读中，激发学生的语文学习兴趣，丰富学生的生命体验，引发学生的心灵共鸣，情趣与理趣兼备，学生和教师共同成长。

最后谈谈文化渗透。《义务教育语文课程标准》（2022版）提出"核心素养"这一概念，在义务教育阶段具体包括文化自信、语言运用、思维能力等几个方面，这是课程育人的集中体现。众所周知，文化是民族精神的核心，是民族的灵魂，是力量的源泉。语文教师不单单是培养学生的语言文字运用能力，且肩负着拓宽学生文化视野、传承民族文化的历史使命。在传统文化渗透方面，我们不能空洞说教或贴标签，应重点在课堂上采取多种形式和耐心有效的引导，在入心入耳的语文活动中，来让学生体验传统文化，在潜移默化中继承传统文化，坚定文化自信。

背诵古诗、赠送古诗好似慢慢拉开的序幕，拥有知音的快乐和失去知音的苦楚则猛烈着撞击着每一颗心，知琴音、知内心、知志向，此三者如层浪叠涌，声声叩问。最后，"愿我们都能拥有属于自己的知音"的期盼如余音绕梁，三日不绝。

整节课下来，知音文化的脉络贯穿其中。置身在文化磁场的周围，让人觉得一切都是那么美好。

"春风满面皆朋友，欲觅知音难上难。"知音难觅，好课难求。愿我们每一个小语人都能不怕困难、不懈求索，领会教学理念、精研教学方式，做文本的知音，做文化的知音。

书戴嵩画牛①

蜀中有杜处士②，好书画，所宝③以百数。有戴嵩《牛》④一轴，尤所爱，锦囊玉轴⑤，常以自随。

一日曝书画，有一牧童见之，拊掌⑥大笑，曰："此画斗牛也。牛斗，力在角，尾搐⑦入两股⑧间，今乃⑨掉⑩尾而斗，谬矣。"处士笑而然之⑪。古语有云："耕当问奴，织当问婢。"不可改也。

注释

① 本文作者是宋代的苏轼。戴嵩，唐代画家。

② 〔处士〕本指有德才而不愿去做官的人，后来也指未做官的士人。

③ 〔所宝〕所珍藏的（书画）。

④ 〔《牛》〕指戴嵩画的《斗牛图》。

⑤ 〔锦囊玉轴〕用锦缎作画囊，用玉作画轴。

⑥ 〔拊掌〕拍手。

⑦ 〔搐〕抽缩。

⑧ 〔股〕大腿。

⑨ 〔乃〕却。

⑩ 〔掉〕摆动，摇。

⑪ 〔然之〕认为他说得对。

103

哉 巍 弦 锦 曝 矣

- 正确、流利地朗读课文。背诵《伯牙鼓琴》。

- "伯牙破琴绝弦，终身不复鼓琴，以为世无足复为鼓琴者。"说说这句话的意思，再结合"资料袋"和同学交流感受。

- 用自己的话讲讲《书戴嵩画牛》的故事。

资料袋

伯牙、钟子期相传为春秋时期人，关于他们二人成为知音的传说，《吕氏春秋》《列子》等古书均有记载，也流传于民间。由于这个传说，人们把真正了解自己的人叫作"知音"，用"高山流水"比喻知音难觅或乐曲高妙。

我国古诗常提及伯牙、钟子期的传说，如：

钟期一见知，山水千秋闻。 ——孟浩然《示孟郊》

钟期久已没，世上无知音。 ——李白《月夜听卢子顺弹琴》

故人舍我归黄壤，流水高山心自知。 ——王安石《伯牙》

《书戴嵩画牛》教材解读

莫把丹青等闲看　无声诗里颂千秋

文字是一位忠实的记录者，记录下那时那刻的人、事、情、理，再穿越时空，和端坐在书本前的你对话。所以，有人说，读文言就是对话，和书中的人物对话，和作者对话，和历史对话。现在，我们就来看看《书戴嵩画牛》将和我们说些什么吧。

《书戴嵩画牛》，仅仅只有五个字的课题却包含着丰富的信息。戴嵩，唐代画家，擅长画牛，后人称赞为"野性筋骨之妙"。相传曾画饮水之牛，水中倒影，唇鼻相连，可见其观察之精微。明代李日华评其画："固知象物者不在工谨，贯得其神而捷取之耳。"戴嵩擅长画牛，以戴嵩为基点，我们拓展出徐悲鸿擅长画马，齐白石擅长画虾，黄胄擅长画驴，张大千擅长画虎，李苦禅擅长画鹰……拓展之后，我们再回到课题，端详"书"字。这里的"书"可不一般，它是一种文学体裁——题跋。作为一种文体，题跋常常写在字画、书籍、碑帖的前后，是有关品评、鉴赏、考订等的文字。题跋作为文人之间相互激赏的独特方式，深受雅士骚客们的欢迎。

短短的题目就向我们传递着如此丰富多样的信息，那么，正文部分又将铺展开怎样多姿多彩的画面呢？

文章分为两部分，第一自然段即第一部分。"蜀中有杜处士，好书画，所宝以百数。"这句话简明扼要地介绍了杜处士乃蜀中人，爱好书画，藏品竟达百幅之多。在众多藏品中，杜处士"尤所爱"的是戴嵩的《牛》，理由有二，一为装饰华丽，"锦囊玉轴"。二为"常以自随"，爱不释手。这一点，和今天的我们毫无而二致。我们对一件物品宠爱有加的时候，会有怎样的语言、神态和动作，千年之前的杜处士就会有怎样的语言、神态和动作。

第二自然段即第二部分。杜处士因爱画，所以，将收藏的画拿出来晾晒。这情景恰好被一个牧童看到了。当牧童看到戴嵩的《牛》这幅画的时候，禁不住"拊掌大笑"。在这一边拍掌、一边大笑之中，我们仿佛看到了一个天真可爱的牧童，笑得纯真，说得直接；仿佛看到了一个心直口快的牧童，因自己的独特发现而得意，因自己的得意而眉飞色舞；仿佛看到了一个有理有据的牧童，观察得细致入微，表达得清清楚楚。

如果说文章对牧童进行了细致的刻画，从动作到语言，形神毕现，宛如精笔细描，那么，对杜处士的描画则是大笔勾勒，"笑而然之"，寥寥四个字而已。牧童的笑，"拊掌大笑"，一派天真，爽爽朗朗。杜处士的笑，"笑而然之"，笑而不答，模模糊糊。一个天真无邪，另一个深沉含蓄；一个喜气洋洋，另一个五味杂陈。牧童虽然爽直，但不是信口雌黄，而是有理有据，令杜处士不得不服。"锦囊玉轴，常以自随"的画作，杜处士视若珍宝，遗憾的是，白璧微瑕，心头真是百般滋味。

这滋味，就是引发人感慨的内在动机，正所谓"三百六十行，行行出状元"。牧童放牧，和牛朝夕相处，得观察之便，耳濡目染，所以，对牛的了解多于常人；耕田的农人，行走于田间地头，整日地操持播种、翻地等事务，长年累月，对耕作的了解多于常人；织布的妇人，手拿梭子，脚踏织机，从早到晚，经春到秋，对织布的了解多于常人。牧童放牧，农人耕田，妇人织布，这就是他们的日常生活。今天的我们身处大数据的科技时代，自然知道牛并不都是"掉尾而斗"的，但是不管是古人还是今人，谁又能否认广阔的生活就是艺术的源头，艺术是生活里结出的人类精神的果实呢？俄国文艺理论家车尔尼雪夫斯基说："艺术素材来自生活，生活素材需要艺术家筛选，再创造。"

既然艺术是生活的提炼、加工和再创造，那就让我们一起借助千年的文言和千年的贤哲对话，感受文言的简洁之美，生活的丰富之美，艺术的创造之美吧。

寻门而入，破门而出

——统编版教材六年级（上）第21课《书戴嵩画牛》教学实录与评析

点评：杨桂敏　浙江省台州市杨桂敏名师工作室主持人　特级教师

单位：浙江省台州市路桥区金清镇中心小学

【教学目标】

1.能借助注音读准字音，借助注释读通文意。写好"轴、锦、曝、矣"四个生字；

2.能抓住描写人物形象的词句，想象故事细节，用自己的话说说这个故事；

3.熟读课文，与同学交流对文中人物的看法和自己的体会。

【教学过程】

第一版块　细细读，读出文字无穷味

师：学习了《伯牙鼓琴》一课，你有着怎样的收获或体会？

生：我知道了子期是伯牙的知音。

师："春风满面皆朋友，欲觅知音难上难。"人生得一知己足矣。

生：子期离开了，伯牙"破琴绝弦，终身不复鼓琴"，这样悲伤的结局，我感到很难过。

师：这就是悲剧的力量。把自己的心里话说给朋友听，你就不会觉得难过了。

（点评：悲剧通过其悲来唤醒人内心的真善美，这既是悲剧的力量，也是文字的力量、文学的力量。海德格尔说："人生充满劳绩，却诗意地栖居在大地上。"究其原因，就是因为文字能温暖人心，文学可慰藉心灵。老师带着学生走进文本再走出文本的过程，就是成长的过程。）

生：我体会到了朋友的重要，从古至今，人都需要朋友。

师：是啊，从古至今，从大人到孩子，人人都需要朋友，这就是《伯牙鼓琴》带给我们的启示。今天，我们将学习《文言文两则》中的第二则《书戴嵩画牛》，乘着文言的翅膀，发现新的天地。（板书课题，学生齐读）

师：学习文言三件事，一读二看三背诵。我们高年级的学生具备了一定的自学能力，请大家好好读读课文，争取读得滚瓜烂熟。（学生开始自由读课文，老师巡视指导）

（点评："学习文言三件事，一读二看三背诵。"看似简简单单的一句话，既点出了学习文言文的方法，又消解了学生的畏难情绪。高年段的学生储备了一定的文言文学习方法，具备了些许学习能力，这样的导引符合年段特点。）

师：文章有两个自然段，请两位同学来读一读，请大家认真听。

生：蜀中有杜处士，好书画，所宝以百数。有戴嵩《牛》一轴，尤所爱，锦囊玉轴，常以自随。

师："轴""锦"两个生字，你读得都很准。"一轴"就是一幅。"轴"

是一个多音字，另一个音读"zhòu"，我们常说最重要的节目上演就是压轴登场。第二段可不好读，生字特别多，请勇敢的同学来读。

生：一日曝书画，有一牧童见之，拊掌大笑，曰："此画斗牛也。牛斗，力在角，尾搐入两股间，今乃掉尾而斗，谬矣。"处士笑而然之。古语有云："耕当问奴，织当问婢。"不可改也。

师：在勇敢者面前，区区几个生字算得了什么！老师把难读的字词梳理了一下，我们再来认识一下新朋友。（课件出示，学生齐读）

蜀中　戴嵩　锦囊玉轴

曝书画　拊掌大笑　搐入　谬矣

耕当问奴　织当问婢

师：这些词语虽说是新朋友，但是，它们在不同的地方和我们见过面。

生："蜀"就是三国里面魏蜀吴的"蜀"。

师：是的，指的就是一个地方，蜀国，在今天的四川省。

生："曝"就是晒的意思，还有一个成语叫"一曝十寒"，比喻没有恒心。

师："蜀""曝"，它们的意思从古至今基本都是一样。今天，我们为了防潮，也常常晒衣服和被子。有的字和"蜀""曝"不一样，意思发生了大变化。谁发现了？

生："耕当问奴""织当问婢"这两个词里面的"奴""婢"的意思和今天的不一样。

师：了不起的发现，能具体说说你的理解吗？

生："奴"原来指的是奴隶，就是专门给人家干活的人。今天，耕地的是农民，称呼不一样了。"婢"指的是仆人。

师：时间在变，时代在变，从这些称呼的变化中，我们也能感受到文字里藏着的文化。分享之后，我们再来读一读这些词语。（学生齐读）

师：捧起书本，把这些词语送进课文，咱们朗读整篇课文。（学生齐读全文）

（点评：有句话说得好：没有所谓失败，除非你不敢尝试。每个学生好似一座沉默的火山，他们需要被点燃、被激活。在这个教学环节，丁老师能适性而为，激励每一个孩子。在高昂的斗志之下，学生好似无畏的勇士，不仅乐意积极地投入到学习当中去，更在自我认同中逐步走向精神的美好体验。当学生被"激活"之后，思维活跃，心扉敞开，真正的学习才真实地发生。）

第二版块　慢慢解，品出情节无限趣

师：学习文言三件事，一读二看三背诵。刚刚我们做到了"一读"，现在，我们要进行第二步看注释，借助注释，理解文章，同桌之间互相考察和帮助。（学生看注释，然后同桌之间互相交流）

师：在交流的时候，同桌之间遇到什么困惑没有，是怎么解决的？

（点评：维果斯基的"最近发展区理论"认为学生的发展有两种水平：一种是学生的现有水平，另一种是学生可能的发展水平，也就是通过教学所发掘的潜力。如何找准学生的最近发展区？那就是让学生自己说出自己的困惑。丁老师轻轻地一问，就紧贴在学生的最近发展区上，打开了话匣子，迈上了进阶梯。）

生："蜀中有杜处士"这句话本来就好理解，"处士"可以不用翻译，最后，我们就改了一点点，蜀地有一个杜处士。

师：我们小学阶段学习的文言文大都好理解。你们考虑得非常对，古代常常用一个人的身份或者职位来称呼对方，这里是不需要翻译的。比如杜甫，做过工部，大家就叫他杜工部。你姓李，中了状元，大家就叫你——

生：李状元。（学生齐声回答）

师：反应如此迅速，很有状元的潜质！

生："常以自随"，我们不知道杜处士将什么东西经常带在身边。读了前半句，我们就弄明白了，是戴嵩的画。

师：互相学习，一起发现，真好！这就是理解文言文的法宝——联系上下文。

生：杜处士晾晒书画，"有一牧童见之"，"之"在这里指的是杜处士晾晒的书画。"伯牙鼓琴，钟子期听之"，"之"指的是伯牙的琴声。

师：你更厉害，居然还能联系学过的课文，这就叫举一反三，触类旁通。"之"是个很热心的字，经常替代某些内容。带着这种感受，大家再看看"处士笑而然之"里面的"之"。

生：杜处士认为牧童说得对，同意他说的话，"之"代替的就是牧童说的话。

师：一点就通，一说就对，善哉善哉！和一群爱思考的孩子一起学习，真是幸福。我一感到幸福就想发奖品。大家想要吗？

生：想！（学生兴高采烈地抢答）

师：大奖来了！请看屏幕。（课件出示课文译文）

四川有个杜处士，喜爱书画，他所珍藏的书画数以百计。其中有一幅是戴嵩画的牛，杜处士尤其珍爱。他用玉做了画轴，用锦囊装起来，经常随身携带。

有一天，他摊开了书画晒太阳，有个牧童看见了戴嵩画的牛，拍手大笑着说："这张画画的是斗牛哇！牛打斗的时候，力气用在角上，尾巴紧紧地夹在两腿中间，现在这幅图上的牛却是翘着尾巴在斗，错了！"杜处士笑了笑，觉得他说的有道理。古人有句话说："耕种的事儿应该去问农民，织布的事儿应该去问女佣 。"这个道理是不会改变的。

师：这可是老师压箱底的宝贝。快快对照着课文，好好读一读。（学生对照课文，自读译文，互相贯通）

师：互相参读，古今对照，我们对文章的理解会更加透彻。其实，老师相信大家，即使不看全文的现代文翻译，大家的理解也相当不错了。老师想提一个问题考考大家，我究竟要提一个怎样的问题呢？谁来猜一猜？只有三次机会啊！

（点评：相信学生，需要执教者的勇气。在分享中，学生不仅谈同桌之间的收获，又交流解决问题的办法。如此设计，学生与学生之间展开了对话，拓展了课堂对话的新纬度新领域，在知识上彼此启发，在方法上互相借鉴，可谓一举多得。）

生：杜处士有什么爱好？

师：感谢你第一个站起来大胆地猜。恭喜你，答错了。虽然答错了，可是你提的问题特别好。谁来用原文来回答？

生：蜀中有杜处士，好书画，所宝以百数。

师：你们一个问得精彩，一个答得准确。请接着猜。

生：从哪里看出杜处士最喜欢戴嵩画的牛？

师：你是第二个站起来猜的同学。虽然还没有猜对，但是，老师很喜欢你提的问题，谁来用原文里的八个字来解答一下？

生：锦囊玉轴，常以自随。

师：嗬，真不简单，回答得完全正确。还有最后一次机会。谁来？

生：这篇课文告诉我们什么道理？

师：读一个故事，讲一个道理，听起来很有道理的样子啊。这个故事还真告诉了我们一个道理，谁知道？

生：耕当问奴，织当问婢。

师：为什么耕不问婢、织不问奴呢？

生：因为耕地之人长期种田，最了解田地，经验最丰富。妇女经常织布，对织布也最了解。

师：真是"三百六十行，行行出状元"。每个人都有自己最熟悉的领域，最擅长的地方。 这个发现了不起，可是这个问题也不是我想问的。好了，三次机会已到，我只好公布答案了。我想问的是课题《书戴嵩画牛》里的"书"是什么意思？（学生有的惊讶，有的疑惑，有的沉思）

生："书"是写的意思。我背过一首诗，名字叫《书湖阴先生壁》。茅檐长扫净无苔，花木成畦手自栽。一水护田将绿绕，两山排闼送青来。（该生的回答赢得了全班同学的掌声）

师：有理有据！这是王安石题写在湖阴先生家墙壁上的一首诗。

生：我们背过一首这样的诗——《题西林壁》。横看成岭侧成峰，远近高低各不同。不识庐山真面目，只缘身在此山中。（全班再次响起热烈的掌声）

师：真是一石激起千层浪，也激活了大家的记忆。"书"在这个题目当中还有特别的意义，请看。（课件出示，学生齐读）

古代的文人雅士有一种爱好，喜欢在字画、书籍、碑帖前后写上有关品评、鉴赏、记事等的文字。久而久之，就形成了一种文体，叫做题跋（bá）。写在画上面的叫画跋，通常是指写于画卷、册页等附纸上的文字。

师：原来，我们学的这篇文章就是苏轼写在戴嵩先生的画《斗牛图》上的题跋。题跋在明代非常流行，刚刚两位同学背诵的是宋代的诗，那时候，题跋这种形式才刚刚开始。

（点评：在学生成长的过程中，我们教师大都有这样的发现，低年龄段的孩子发言积极，爱表现；到了高年级，随着学生的成长发育，发言不那么积极了。在这个教学环节，丁老师巧妙地"反客为主"，给了我们一个调动学生积极性的示范。老师自己退居二线，将学生推送到课堂的第一线。）

第三版块　慢慢聊，说出文言无尽美

师：苏轼是个大文豪。他听说了杜处士的故事，于是，高兴地提笔写下了这篇题跋。短短的故事，写了两个人的笑，虽然都是笑，可是不一样（课件出示）

一日曝书画，有一牧童见之，拊掌大笑，曰："此画斗牛也。牛斗，力在角，尾搐入两股间，今乃掉尾而斗，谬矣。"

处士笑而然之。

生：牧童是一个小孩，发现不对了就直接指出来，他的笑很直爽。

师：直爽的牧童就直爽地笑，直爽地说——

生（齐读）：此画斗牛也。牛斗，力在角，尾搐入两股间，今乃掉尾而斗，谬矣。

师：适当加快语速，延长"矣"的读音，更显直爽。

生（齐读）：此画斗牛也。牛斗，力在角，尾搐入两股间，今乃掉尾而斗，谬矣。（学生开心地朗读，效果良好）

生：牧童年龄小，不了解杜处士有那么喜爱这幅画，他的笑是纯真的笑。

师：孩子就是孩子，心底就像纯净的天空。

生（齐读）：此画斗牛也。牛斗，力在角，尾搐入两股间，今乃掉尾而斗，谬矣。

生：牧童笑得很得意，他竟然发现了大画家的错误。

师：太得意了！得意的牧童，一边拍掌一边笑着说——

生（齐读）：此画斗牛也。牛斗，力在角，尾搐入两股间，今乃掉尾而斗，谬矣。

师：牧童啊牧童，你直爽地笑，天真地笑，得意地笑，我杜处士理解你，可是，谁能懂得我的心呢？

生：杜处士那么喜欢的一幅画，居然有错误，他觉得很不好意思。

师：这种感觉一定有的。请你安慰一下他吧。

生：每个人都有自己不知道的地方，这很正常的。

师：听了你的安慰，杜处士感觉好多了。

（点评：朗读是学习语文的不二法门，由熟读而背诵是丰富知识的有效途径。有的老师总希望学生带着背诵的目的去朗读，殊不知这样的做法让学生起了逆反心理。如果我们在课堂上像丁老师这样，多创设一些情境，多增添一些趣味，让学生大声地快乐地读起来，教学效果会更好。因为水到方有渠成，熟读自然成诵。在此基础上，逐步达到作家李国文说的那样："在多多益善的背诵中，达到融会贯通，是一个水到渠成的过程。"）

生：杜处士特别喜欢戴嵩的这幅画，从"锦囊玉轴，常以自随"可以看出来。自己看过这幅画不知道多少次了，居然没有发现，今天竟然被一个小牧童发现了，他觉得很没有面子。

238

师：这种感觉一定也有的。谁来安慰一下他吧，能像这位同学一样用上课文里面的词句就更好了。

生：古语有云："耕当问奴，织当问婢。"不可改也。每个人都有自己不知道的地方，这很正常的。

（点评：从感情出发，学生乐意"安慰"杜处士，毕竟情理相通不分今古。从教学来说，丁老师设计的"安慰"环节，让学生不知不觉地讲出了故事告诉我们的道理。情发于中，真真切切，理出于心，自然通达。）

师：学无止境，所以活到老，学到老。你说得太好了，每个人都有自己不熟悉的地方，也有自己熟悉的地方，（课件出示）请大家说说看。

耕当问奴，织当问婢。

画牛当问（　　　）

（　　　）当问（　　　）

生：画牛当问戴嵩，画竹当问郑板桥，画虾当问齐白石，写诗当问李白，打猎当问猎人，钓鱼当问渔翁……

师：耕田织布，画画写诗，打猎钓鱼，这都是普普通通的生活场景。当这些生活画面映入艺术家的眼帘，就成了艺术的素材。所以，有人说生活是艺术的源头。这节课，通过学习，我们认识了"好书画"的杜处士（课件出示）：

蜀中有杜处士，好书画，所宝以百数。有戴嵩《牛》一轴，尤所爱，锦囊玉轴，常以自随。

师：我们也认识了一位善于观察又心直口快的牧童（课件出示）：

一日曝书画，有一牧童见之，拊掌大笑，曰："此画斗牛也。牛斗，力在角，尾搐入两股间，今乃掉尾而斗，谬矣。"处士笑而然之。

师：同时，我们懂得了一个生活道理（课件出示）：

古语有云："耕当问奴，织当问婢。"不可改也。

师：学习文言三件事，一读二看三背诵。如此，甚好。

（点评：生活是艺术的源头，课堂是生活的邂逅。一节好课，总是深深地扎根在文本当中，扎根在生活当中，最后，扎根在学生心中。在课的最后，有小结有拓展，有认识的升华有方法的回顾。如此，甚好。）

总　评
相信学生

从教育学上讲，思维永远是从问题开始的。从心理学上讲，尊重永远是从相信开始的。在丁老师的这节课上，我们看到师生既有知识上的交流互动，更有精神上的相遇相契。

相信学生，发展学生

学生作为独立的生命个体，理应得到充足的空间去锻炼去施展。可事实情况并非完全如此，个别"热心"的老师总是担心学生听不懂，总想多教一点。或许就是这"一点"，已经超越了本位，失去了尺度，走向了越俎代庖。

在这节课上，无论是第一、二版块，还是第三版块，我们都能欣喜地看到孩子们自由地交流、快乐地分享，有学生个人的言说，有同桌之间的互动，有师与生的交流。在这个过程中，学生的头脑得到了解放，我口言我心。一个学生的发言又带动了另一个或者一批学生的发言，学生既是教育的对象，又是激活课堂的火种。从而将交流引向课堂的纵深地带，基于学生又解放学生，利用学生更发展学生。

疏通堵点，聚焦重点

都说打蛇要打七寸，那教学亦要抓住关键，直击要害。丁老师一定在课前下足了功夫，深度研读教材，梳理在朗读、理解、说理等方面的难点，用心了解学生，了解学生知识掌握情况以搭建脚手架，摸排学生性格以激发学生学习兴趣，顺应学生天性以思考无言之教。这一切下在课堂之外的功夫，终于成就了课堂之内的精彩。

在字词的教学上，既要夯实字词本身的音与义，又要适度拓展丰富认知；在理解文章方面，"反客为主"，让学生在兴致勃勃的猜测中、在快快乐乐的交流中，将问题消解于无形；在揭示道理方面，学生纷纷"安慰"杜处士，一言一句既饱含纯真的情义，又呈现了故事当中的道理，让道理有了温度。以疏化堵，读思皆畅，聚焦重点，不蔓不枝。

大胆放手，巧妙激励

在日常教学中，我们或许见到过这样的现象，同一个班的学生，不同的老师执教，竟然是冰火两重天。究其原因，恐怕和老师的课堂调控与激励不无关系。

为了让学习真正发生，丁老师有时候欲擒故纵，有时候"反客为主"，有时候隔岸观火，有时候声东击西，而他自己则如金蝉脱壳一般抽身而去，喜看学生滔滔不绝，乐听学生书声琅琅，以逸待劳，岂不快哉？

在激励学生的时候，丁老师是既给火把，又给火种。"在勇敢者面前，区区几个生字算的了什么！""反应如此迅速，很有状元的潜质！""和一群爱思考的孩子一起学习，真是幸福。"……看似平常的话语中藏着诙谐，幽默风趣的语言最受学生的欢迎。

　　一节课，可以驻足欣赏的地方很多很多，以上是我从三个方面所谈的一些看法，期待与同行们交流。岁月如水悄然流逝，生命如歌娓娓动听。愿我们能够遇见更美的课堂，塑造更美的灵魂。

两小儿辩日①

孔子东游，见两小儿辩斗②，问其故。

一儿曰："我以③日始出时去人近，而日中④时远也。"

一儿曰："我以日初出远，而日中时近也。"

一儿曰："日初出大如车盖⑤，及⑥日中则如盘盂⑦，此不为远者小而近者大乎？"

一儿曰："日初出沧沧凉凉⑧，及其日中如探汤⑨，此不为近者热而远者凉乎？"

孔子不能决也。

两小儿笑曰："孰⑩为⑪汝⑫多知⑬乎？"

注释

① 本文选自《列子·汤问》，题目为后人所加。
② 〔辩斗〕辩论，争论。
③ 〔以〕认为。
④ 〔日中〕正午。
⑤ 〔车盖〕古时车上的圆形篷盖，像雨伞一样。
⑥ 〔及〕到，到了。
⑦ 〔盘盂〕盛物的器皿。圆的为盘，方的为盂。
⑧ 〔沧沧凉凉〕寒凉。
⑨ 〔探汤〕把手伸到热水里去。这里指天气很热。汤，热水。
⑩ 〔孰〕谁。
⑪ 〔为〕同"谓"，说。
⑫ 〔汝〕你。
⑬ 〔知〕同"智"，智慧。

| 援 | 俱 | 弗 | 辩 |

- 正确、流利地朗读课文。背诵课文。

- 联系上下文，说说加点字的意思。

  ◇ 通国之善弈者也。
  ◇ 思援弓缴而射之。
  ◇ 孔子不能决也。

- 对照注释，想想每句话的意思，再连起来说说故事的内容。

- 在《两小儿辩日》中，两个小孩的观点分别是什么？他们是怎样说明自己的观点的？

81

变一变，趣读妙解；辩一辩，启思促悟

——统编版教材六年级（下）第14课《文言文二则》之《两小儿辩日》

教学实录与评析

点评：吴仕义　宜宾市语文教研员

单位：四川省宜宾市教育科学研究所

【教学目标】

1. 会写"辩"字；

2. 能正确、流利地朗读课文并背诵课文；

3. 能借助注释理解课文的意思，讲一讲《两小儿辩日》的故事；

4. 能了解《两小儿辩日》中两个小孩各自的观点和依据，体会辩斗的乐趣，明白其中的道理。

【教学过程】

第一版块　扎扎实实细细读

师：同学们，大家知道吗，有一个人对中华文化产生了深远的影响。他是谁呢？请根据老师的提示，我们一起走近他。（课件逐一出示，学生兴趣盎然地猜测）

※中国著名的思想家、教育家、政治家

※中华文化思想的集大成者，儒家学说的创始人

※被联合国教科文组织评为"世界十大文化名人"之首

※知之为知之，不知为不知，是知也。

生：孔子。

师：是的，你看孔子多么博学，多么有影响力，可是，有一件事孔子也无法判断：（课件出示）

孔子不能决也。

生：这不可能吧？简直不可思议。

生：这究竟是什么事？

师：是啊，老师也和大家一样，很有同感。这份怀疑就是我们进步的动力。事不宜迟，让我们翻开书，一起学习《两小儿辩日》，去弄个明白。（师板书课题，学生齐读）

（点评：好的开端意味着成功了一半。丁老师逐步呈现关于孔子的信息，挑动学生的神经，既能激发学生学习的兴趣，也拓宽学生的知识面，特别吸睛。）

师：请捧起书，自由地朗读课文三到五遍，难读的地方，借助拼音多读几遍。（学生自由朗读课文，老师巡视）

师：都说学习文言并不难，读熟课文是关键。我们现在就从读好字词开始。（课件出示）

辩斗　车盖　盘盂

沧沧凉凉　探汤

孰为汝多知乎？

生读：把"为wèi"错读成"为wéi"。

生：他读错了"为wèi"。

师：听出别人的错误，你的耳朵好灵。指出错误的原因，更技高一筹。

生：我看了注释。

师：看注释的确是个好办法。"为"的注释里藏着一个大秘密，"为"和"谓"本身就是一家人，"谓"尊重人们的习惯，同意把自己的读音和意思都由"为"来代替。多么和谐的一家啊！我们一起再读一读这句话，向这一对好兄弟学习。（学生齐读：孰为汝多知乎？老师再请学生读

词语，均能读准字音）

师：学习语文要字不离词，词不离句，我们把这些词语放回课文里面，再来读一读。（学生齐读课文）

师：一次朗读，就是一次提升。请拿起笔，大家听老师读，特别注意老师的停顿，用斜线标注一下。（老师范读，读出停顿，学生标注）

生：一儿曰："我以日始出时去人近，而日中时远也。"老师在读这句话的时候，在"以""而"的后面停顿了。

师：你听得可真仔细。都说外行看热闹，内行看门道，你看出什么门道来了？

生：这个句子很长，如果不停顿一下，可能别人不知道你说的是什么。

师：这可是一儿表明观点的一句话，非常重要。

生：停顿一下，让对方有一个接受的时间。

师：你一停顿，就是在暗示对方关键的地方到了，你可要听仔细了。小小的停顿，可是大有乾坤。再听老师读读这一句话，对比一下。（练读两遍，一遍故意读断，一遍做到声断气连）

生：第一遍听起来很不自然。

生：听起来很难受。

生：第二遍听起来舒服很多。

师：自己说得自然，听的人就听得舒服，声音断了，可是气息却把前后句子连接在了一起。请对照停顿，自己体会体会。（课件出示，学生自读练习）

两小儿辩日

孔子东游，见两小儿辩斗，问其故。

一儿曰："我以/日始出时/去人近，而/日中时/远也。"

一儿曰："我以/日初出远，而/日中时/近也。"

一儿曰："日初出/大如车盖，及日中/则如盘盂，此不为/远者小/而/近者大乎？"

一儿曰："日初出/沧沧凉凉，及其日中/如探汤，此不为/近者热/而/远者凉乎？"

孔子不能决也。

两小儿笑曰："孰/为汝/多知乎？"

师：大家读得那么投入，真是亲口尝梨子知酸甜，亲自朗读学停顿。老师送给大家一个密不外传的秘籍：（课件出示，学生齐读）

长句停顿读分明，让人明明白白听。

声断气连要牢记，节奏奥妙在其中。

（点评："句读之不知，惑之不解"。现代的课堂教学古老的文言，需让学生知道文言的特点和学法，明晰句读就是其中之一。在这个教学环节中，丁老师和学生一起关注"门道"，他总能将深奥的停顿知识用学生都能听懂的话说出来，"你一停顿，就是在暗示对方关键的地方到了，你可要听仔细了。小小的停顿，可是大有乾坤。"深入浅出，举重若轻，这样的课听着不累。）

第二版块　快快乐乐明观点

师：书读百遍，其义自见。两位小儿既然要辩斗，就要抛出自己的观点，说出自己的理由。请大家拿出学习单，同桌一起完成表格。（学生互学，完成表格）

《两小儿辩日》学习单

		日初出	日中时
一小儿	观点		
	理由		
	出发点		
	结论		
另一小儿	观点		
	理由		
	出发点		
	结论		

师：我巡视的时候发现，只要读熟了文章，我们也可以和文言文零距离。一番零距离的细读，两小儿的观点和理由都清楚了吗？我们来交流一下。

生：（将图表放在投影仪下）一小儿认为日初出近，理由是太阳刚刚出来的时候很大；而日中的时候离得远，理由是正午的时候太阳很小，就像一个盘子一样小。

师：先说观点，后说理由，你说得清楚，我们听得明白。谁来说说另一个小儿的？

生：另一个小儿认为太阳刚刚出来的时候离得远，理由是那个时候让人觉得冷；正午的时候，太阳就离得近，理由是天气很热，就像手伸到热水里一样热。

师：真有意思的两小儿！一个发现太阳有时大，有时小，一个发现太阳有时凉，有时热。可是我们知道太阳的大小和温度是没有什么变化的，两个小儿这样说，他俩是怎么考虑的？

生：大小是靠眼睛看的，离得近就觉得大，离得远就觉得小。

生：凉和热是身体的感觉，太阳是个大火球，离得远就觉得没那么热，离得近就滚烫滚烫的。

师：两个小儿都很有生活经验，一个从视觉的角度观察和发现，一个从感觉的角度观察和发现。角度不同，结果就不同，于是，分歧就产生了，一场辩斗即将来临。（课件呈现完整表格）

		日初出	日中时
一小儿	观点	近	远
	理由	大如车盖	小如盘盂
	出发点	从视觉角度思考，根据生活经验判断	
	结论	远者小而近者大	
另一小儿	观点	远	近
	理由	沧沧凉凉	如探汤
	出发点	从感觉角度思考，根据生活经验判断	
	结论	近者热而远者凉	

（点评：在熟读之后，学生借助学习单开始了和文本的零距离接触——思考。学生完成学习单的过程就是细细品读文本的过程。随着表格的完善，两小儿的观点渐渐浮出水面，原来他们的出发点各不相同，一场"辩"已在弦上。在这一教学过程中，丁老师大胆放手，老师退学生进，学生在比较、归纳、提炼、填写，培养了学生用心读书、筛选信息、提取关键词语以及思维等能力。）

第三版块　百般武艺生动"辩"

师："辩斗"就是辩论、争论。生活中，你有过这样的经历吗？

生：我参加过辩论赛。

师：这可是宝贵的经历！参与过的同学，咱们一起说说当时的情景。

生：我当时是很激动的，为了说服对方，我提前找了很多资料。

生：我还和小陈吵了起来，累得我口干舌燥。

师：小陈，你当时有着怎样的感觉？

生：我气得指着他，反驳他，我们争得不可开交

师：所以，有人说，辩论就是没有硝烟的战场。为了说服对方，争得面红耳赤，吵得难解难分，指着对方的鼻子也是常有的事啊！可真是动作表情齐上阵，助力辩斗来取胜。来吧，让我们穿越时空，来一场激烈的辩斗！请各个小组的组长分配好角色，我们在小组内辩一辩。（学生在小组内辩论，老师巡视）

师：好一个"辩"声四起的场面！请看老师密不外传的辩斗秘籍：（课件出示，学生齐读）

1.加快语速，增强语气的坚定；

2.添加辅助动作，如叉腰、跺脚、摆手等；

3.根据情景，添加个性化的语言。

（点评：要想"辩"，先知"辩"。丁老师首先做的是唤醒学生的生活经验，让"辩"不再抽象，既增添了兴趣，降低了难度，又唤醒了经验，储备了方法，为接下来的"辩"做好了准备。德国著名教育家第斯多惠说过："教学的艺术不在于传授知识，而在于激励、唤醒和鼓舞。"所言甚是。）

师：我们现在就请两位同学，一男一女，代表正反双方，开展辩论。两个小儿，一个是一小儿，一个是另一小儿。女士优先，请先选择角色。

生（女）：我选一小儿。

师：看来你是个喜欢用眼睛感知世界的孩子。

生（男）：我选另一小儿。

师：有气度的孩子！用感觉感知世界，同样别有一番风味。来吧，我们一起读第一句，为他们开头。

师生齐读：孔子东游，见两小儿辩斗，问其故。

生（女）：我以日始出时去人近，而日中时远也。

生（男）：我以日初出远，而日中时近也。

师：这是第一次交锋，彼此都很温柔，很客气。

生（女）：（加快语速）我以日始出时去人近，而日中时远也。

生（男）：（摆手）不对！不对！我以日初出远，而日中时近也。

师：有点火药味了。

生（女）：（我是有根据的）日初出大如车盖，及日中则如盘盂，此不为远者小而近者大乎？

生（男）：（哈哈冷笑，就你有根据吗，根据我也有）日初出沧沧凉凉，及其日中如探汤，此不为近者热而远者凉乎？

生（女）：（指向对方，你瞪大眼睛看看）日初出大如车盖，及日中则如盘盂，此不为远者小而近者大乎？

生（男）：（跺着脚，你自己走在太阳下面感受一下）日初出沧沧凉凉，及其日中如探汤，此不为近者热而远者凉乎？

生（女）：你真是蛮不讲理！

生（男）：你无可救药！

师：公说公有理，婆说婆有理。唇枪舌剑，各不相让，这就是辩斗。（接着，师生之间、学生与学生之间展开辩斗）

师：真过瘾！我们这样辩斗，一边辩斗，一边思考，我们都想到了什么？

生：两个小儿很会观察，有观察，才有发现。

生：爱思考，喜欢刨根问底。

师：正是因为这样，他们才有那么多的收获。他们不仅勤于观察，还乐于向别人请教。这次他们请教的人是学识渊博的孔子，遗憾的是——

生：（齐答）孔子不能决也。

师：古人受到了科技发展水平的限制，有些问题不能彻彻底底地弄明白。今天的我们，知道太阳离我们的远近，是不是不一样？

生：太阳与地球的距离其实是一样的。因为太阳在早上的时候，太阳光是斜射在地面上，我们看到太阳总是在山边，与周围的屋子，山林形成对比，显得比较大。中午的太阳只能和天空对比，就显得比较小。

师：生活是个大宝库，藏着秘密无数。勤于观察，发现问题，再解决问题，这个过程就叫成长。愿我们都能收获新的成长。下课！

（点评：万事俱备，只欠东风。这"东风"就是点燃学生辩的欲望。在学生与学生的辩斗中，丁老师巧妙地推波助澜，让辩斗之火烧得旺起来、猛起来。接着，铺展开来，老师与学生、学生与学生，人人参与，热闹非凡，掀起辩斗的高潮。当学生真真正正地融入课堂当中的时候，老师是无须多言的，因为一切尽在不言中。）

总　评
在生活里体会　在过程中感悟

著名教育家杜威说："教育是在经验中、由于经验和为着经验的一种发展过程。"在人的成长过程中，从生活经验到学习经验都会慢慢累积。老师的教学经验和学生学习文言文的经验也是这样，从无到有，由少到多。为了帮助学生积累学习经验，将课堂生活化和生活课堂化是一个有效的途径。

在丁老师的这节语文课上，我们看到老师在努力地营造一种氛围：

饶有趣味地猜测，有条不紊地朗读，借助表格深入地思考，活色生香地辩斗……老师和学生一起学习的过程就是学习直接经验、借鉴间接经验的过程。正如种子只有播下泥土中才能生根发芽一样，学生的经验就在当下课堂的实践中。俗话说："亲身下河知深浅，亲口尝梨知酸甜。"学生在学习中也会经历困顿、喜悦、迷茫、澄明，将新的经验和已有的经验对接起来，融入个体的知识体系，并试着实践与运用。以知导行，以行促知，进行着经验建构的闭合链条。

陶行知老先生叮嘱我们："我们要有自己的经验做根，以着经验发生的知识做枝，然后别人的经验才能接得上去……"丁老师一定洞悉了这一点。所以，他除了以上所述的策略之外，还大胆放手。学生犹如来到原野上的骏马，纵蹄驰骋，呼吸着来自草原的气息。在辩斗环节，我们感受到的是自由自在的空气。学生面红耳赤、捶胸顿足，尽显风采。老师的放手成就了学生的放胆，与此同时，学生在分享中放大了优点，倍感成就，也放大了不足，些许压力之下，学生成长的速度才会加快。

学生的经验是教学的起点。心理学家皮亚杰说："学生是通过自己的活动，并从活动中抽释出知识的。"丁老师适时放手，"退居二线"，让学生站在课堂的正中央，老师搭台，学生唱戏，激发了学生的探索欲和表现欲。

在生活中体会，在过程中感悟，这或许就是对"教学相长"的一种生动诠释。最后，我还想说，作为一位语文老师，如能把学生引进热爱阅读的场中，让学生喜欢阅读、爱上阅读特别是爱上经典的阅读，那他或她的语文教学一定会成功的。好语文课的结尾，应成为学生读新书、读好书、好读书、活读书的起点。

愿我们一起在语文教育的天地里尽情耕耘。

⑭ 文言文二则

学 弈 yì ①

弈秋②，通国③之善弈者也。使弈秋诲
二人弈，其一人专心致志，惟弈秋之为听④；
一人虽听之，一心以为有鸿鹄⑤ hóng hú 将至，思援⑥
弓缴 zhuó ⑦而射之。虽与之⑧俱学，弗若⑨之矣。
为⑩是其智弗若与⑪？曰：非然⑫也。

注释

① 本文选自《孟子·告子
上》，题目为后人所加。
弈，下棋。
② 〔弈秋〕"秋"是人名，因
善于下棋，所以称为弈秋。
③ 〔通国〕全国。
④ 〔惟弈秋之为听〕只听弈
秋的教诲。
⑤ 〔鸿鹄〕指天鹅、大雁一
类的鸟。
⑥ 〔援〕引，拉。
⑦ 〔缴〕系在箭上的丝绳，
这里指带有丝绳的箭，
射出后可以将箭收回。
⑧ 〔之〕他，指专心致志的
那个人。
⑨ 〔弗若〕不如。
⑩ 〔为〕因为。
⑪ 〔与〕同"欤"，句末语气词，
表示疑问。这里读 yú。
⑫ 〔然〕这样。

《文言文二则》之《学弈》教材解读

为文皆宜赏与析　碧波深处多珍奇

道理忌告诉。古之先贤,深谙此理。所以,讲道理时总托于故事。《学弈》就是这样的一则文言。

文章开篇,即用古文中特有的判断句式介绍主人公,"……也",直接点名人物身份。接着,用一个长长的句子讲述了二人学弈的过程:"一人专心致志,惟弈秋之为听;一人虽听之,一心以为有鸿鹄将至,思援弓缴而射之。"最后,指出学习的结果以及由故事引发的思考。

细细梳理文本,总有惊喜的发现。首先,我们会发现古人的表达习惯。介绍一个人,可以这样说:

弈秋,通国之善弈者也。

我们翻看选入教材的其他文言选文,还会发现介绍一个人,也可以这样说:

宋人有耕者。

梁国杨氏子,九岁,甚聪慧。

对比是发现差异的最直截最有效的方法。

原来,点明一个人的身份有多种方式:……也,……也,或者直接介绍,不加任何辅助的词。学生在对比中,既知晓了古人的表达习惯,丰富了自己的表达样式,更知道了语言本就是时间的忠实记录者,语言的形式和内容里蕴藏着那个时代的回响。学古以益今,古今本同源。

其次,我们一起来看看二人学棋的过程。"其一人专心致志",专心致志的意思和今天一模一样。专心致志的情状是怎样的呢?那就是"惟弈秋之为听",如此一心一意,心无杂念;另一个则刚好相反,"一人虽听之，一心以为有鸿鹄将至，思援弓缴而射之"，如此三心二意，马虎潦草。所以说，"虽与之俱学，弗若之矣"。不同的态度必然导致不同的结果，古今中外，皆是如此。

今天的我们面对学习结果的差异，常常会说孩子聪明或者愚笨之类的，美其名曰智力因素。据现代科技对学习的分析，非智力因素对学习结果的影响其实更大，因为就智力水平而言，人与人之间相差无几。当我们读了《学弈》，不得不佩服古人的智慧，原来，非智力因素对学习结果的影响古人早就注意到了。

两个学生，同一个老师，相同的教授，竟是截然不同的结果。"为是其智弗若与？曰：非然也。"孟子想告诉我们的道理就在这个设问句中水落石出——学习需要专心致志。

我们知道，孟子是儒家最重要的代表人物之一，被后人称为"亚圣"。其文气势充沛，感情洋溢，逻辑严密；既滔滔雄辩，又从容不迫，用形象化的事物与故事，说明了复杂的道理。林语堂先生在《需说才志气欲》里写："现代青年人，应该多读孟子，常读孟子；年年再读孟子一遍（万章、告子、尽心诸篇最好）。孟子一身都是英俊之气，与青年人之立志卒励工夫，是一种补剂。孟子专言养志与养气，志一则气动，气一则动志，是积极的。"

古人的智慧令人赞叹，将古之智慧传渡而来的桥——文言，同样别具魅力。《学弈》全文只有七十个字，却在开篇点明人物，中间讲述学习结果，最后以设问的方式收尾，发人深省，结构完整，构思精巧，别具一格。如此凝练的文章归功于这般精炼的语言，其中，"之"字的用法尤为特别。

①弈秋，通国之善弈者也。

②惟弈秋之为听。

③一人虽听之。

④思援弓缴而射之。

⑤虽与之俱学。

⑥弗若之矣。

"之"字很勤奋，句子中不需要重复说出来的东西，它都积极地代替，让语句更简洁。我们可以领着孩子细细读一读课文，慢慢推测。句③中的"之"代替"弈秋说的话"，句④中的"之"代替"鸿鹄"，句⑤代替"另一个学下棋的人"，句⑥代替"另一个学下棋的人"。

有的时候，"之"字又很谦让，只是起舒缓语气的辅助作用，没有实际的意思。在小学阶段的教学中，关于文言方面的专业知识，我们宜旁敲侧击，无声渗透，忌强硬灌输，过度讲解。

每一篇文言都是一扇门，为学生打开一个缤纷的新世界。我们带着学生踏上旅途，走进风光旖旎的文言世界。

遇见故事懂道理，遇见文言增智慧

——统编版教材六年级（下）第14课《文言文二则》之《学弈》

教学实录与评析

点评：任亚军　全国第八届小学语文教师素养大赛特等奖

单位：广东省东莞市大朗镇实验小学

【教学目标】

1.会写"援、俱、弗"三个字；

2.正确、流利地朗读课文，背诵课文；

3.能根据注释理解课文大意，说一说故事的内容；

4.懂得"学习需要专心致志"的道理。

【教学过程】

第一版块　字字落实读清楚

师：同学们，今天我们学习第14课《文言文二则》中的第一篇《学弈》。（老师板书课题，学生齐读）"弈"就是"下棋"的意思，"学弈"就是——

生齐答：学习下棋。

师：古时候，我们说一个人很厉害，常常说"琴棋书画，样样精通"。传说这"棋"就是尧所创造的，对弈双方，各执黑白，其中蕴藏着无穷的智慧。同学们，请看"弈"古时候的写法：（课件出示）

生：下面的两只手就象征着下棋的两个人。

师：是的，每一个汉字里都藏着厚重的文化。课前，我们都预习了课文，请拿出预学单。

《学弈》预学单

一、借助拼音读课文

我把课文读了＿＿＿遍，发现难读的词语是：＿＿＿＿＿＿＿＿我是利用方法（ ）解决问题的。

①借助拼音反复练读；

②查字典；

③听课文朗读录音；

④其他

二、阅读注释初理解

注释是理解课文的好帮手。借助注释，我仍不能读懂的词语有：＿＿

＿＿＿＿＿＿＿＿＿＿＿＿＿＿＿＿＿＿＿＿。

师：要想读熟句子，先要读好字音。通过预习，有哪些字大家觉得难读的，现在，我们一起交流。

生："为"是多音字，我不知道该怎么读。

师：别的同学有遇到这个问题吗？（部分学生点头示意）在学习当中，遇到疑惑是最正常不过的，有没有同学遇到困惑了，就积极想办法解决它的？（有部分学生举手）我们一起分享思考的过程。（课件出示）

一心以为有鸿鹄将至

为是其智弗若与

生：我认真阅读了注释，又查了字典，弄明白了"为"字的意思。第一个"为"是"以为"的意思，第二个"为"是"因为"的意思。根据意思，我就知道了它们的读音：一心以为（wéi）有鸿鹄将至为（wèi）是其智弗若与。

师：你真是我们的小老师！多音字的意思不同，读音也会有差异。我们一起再练读练读。（学生对照课件齐读）其他同学在预习的时候，还有别的发现吗？

生："思援弓缴而射之"的"缴"也是一个多音字，在"缴费"这个词里面读jiǎo，zhuó这个音现在很少使用了。

师：是的，一个字或许就隐藏着一段历史。这篇课文里的生字可不少啊！我们一起再来认识一下它们：（课件出示）

学弈　诲二人弈　鸿鹄

援弓缴　弗若之矣

师：字不离词，字不离句，对文言文的学习来说，也是一样。现在，就请大家好好练读课文。（学生自由练读）

师：朗读就要千锤百炼。谁来读一读，我们听听他的字音读准了没有，他在哪里停顿了？

（请学生朗读，老师正音，师生一起读好文章的停顿）

师：老师梳理了文章的停顿，我们一起再读一读。

弈秋，通国之/善弈者也。使弈秋/诲二人弈，其一人/专心致志，惟/弈秋之为听；一人/虽听之，一心以为/有鸿鹄将至，思/援弓缴/而射之。虽/与之俱学，弗若之矣。为是/其智弗若与？曰：非然也。

第二版块　借助注释读明白

师：学习文言并不难，熟读课文是起点。读的过程，也是我们理解文章意思的过程。经过了课前的预习和刚刚的朗读，请大家对照学习单，看看还有没有不理解的地方？

生：我发现课文里面的很多词，比如"诲""专心致志""非然也"等等，它们的意思和今天是一样的。

师：你虽然答非所问，但意外地带给我们这个有趣的发现。汉字的意思历经千年的沿袭来到今天，这就叫传承。就拿"善弈者"来说吧，"善"就是"擅长"，"善弈者"的意思就是——

生：善于下棋的人。

师：善于跳舞的人，就是——

生：善舞者。

师：善于读书的人，就是——

生：善读者。

师：善弈者，善舞者，善读者，当这三个词一起摆在你面前的时候，大家有什么新奇的发现吗？

生：它们都是善什么者的结构。

师：了不起的发现，我们也要言归正传。说说在预习中遇到的不理解的词语。

生：我觉得课文里面的"之"字不好理解。

师：能提出这样的问题，这本身就值得表扬。理解"之"这样的词语，有时候，老师也反复思考，对于同学们来说，有些不理解也是正常的。今天，我们就借着这个机会，认识一下这位朋友。（课件出示）

①通国之善弈者也

②惟弈秋之为听

③一人虽听之

④思援弓缴而射之

⑤虽与之俱学

⑥弗若之矣

师：面对这六个"之"，有的我们已经知道了。

生：第三个"之"的意思是弈秋老师说的话，因为前面说"惟弈秋之为听"。

师：这就是联系上下文的方法。"之"字就像是个勤奋的热心人，总喜欢代替一些内容。还有哪些句子里面的"之"同样起着代替的作用，使用联系上下文的方法再找一找。

生：第四句里面的"之"起着代替的作用，另一个学下棋的人想射鸿鹄。

生：第五句里面的"之"是代替专心学下棋的人。

生：第六句的"之"也是起着代替的作用，指的也是专心学下棋的人。

师：在我们的共同努力下，我们不仅知道了"之"字的意思，更可贵的是，还知道了理解"之"的意思的法宝：认真联系上下文，"之"字意思巧突破。重复的内容都用"之"代替了，不需要再说一遍了，这样的表达带给我们怎样的感觉？

生：避免了重复，使文章更简洁。

师：小小的"之"，作用可是大大的。我们刚刚深有体会，思考就像爬山一样，一路风光无限。越往上爬，你越能发现别人不能发现的风景。这一二里面的"之"就像那山顶的风景。（学生沉默，安静思考）

师：老师给大家一点温馨提示：（课件出示）

①弈秋，通国之善弈者也。

弈秋是全国最擅长下棋的人。

②惟弈秋之为听

只听弈秋的教导

生："之"没有什么含义。

师：说得一点也没错。如果我们删掉"之"字，再读一读句子，看看感觉上有没有什么不同？（学生齐读）

生：感觉好像少点东西，不知道该怎么说。

生：觉得不顺口，有点别扭的感觉。

师：这真是伟大的发现啊！"之"有时候勤奋地做一个代替者，有时候无私地做一个牺牲者，不表示任何意义，只为读起来顺口，调节一下句子。刚刚我们是怎样读懂"之"字的？

生：删除，通过朗读，比较比较。

师：是的，这就是删除比较法。同学们，从感觉出发，抓住你的感觉，相信你的感觉，并逐渐地培养这种敏锐的感觉，你对文字的感受能力一定能继续增强。事不宜迟，我们现在就在小组里一起理一理文章的意思。（学生在小组内讨论交流）

第三版块　小故事大道理

师：一番讨论，增进一层理解。有的小组巧妙地利用了我们课文里面的插图来辅助理解。这幅插图可大有奥秘。现在，老师来出示插图，同学们用课文来配上文字。

（课件出示弈秋画像）

生：弈秋，通国之善弈者也。

（课件出示棋盘）

生：使弈秋诲二人弈

（课件出示"其一人"）

生：其一人专心致志，惟弈秋之为听。

（课件出示"一人"和鸿鹄）

生：一人虽听之，一心以为有鸿鹄将至，思援弓缴而射之。

（课件出示问号，揭示道理）

生：虽与之俱学，弗若之矣。为是其智弗若与？曰：非然也。

师：这则小故事浅显易懂，却告诉我们一个看似简单却实际深刻的道理：（课件出示，学生齐读）

为是其智弗若与？曰：非然也。

师：现代的科学研究发现，人与人之间的智力相差不大。我们不得不佩服古人的智慧，在遥远的古代，人们就发现了决定学习效果的和智力因素以外的东西密切相关。

生：是否认真听讲了。

生：不能三心二意。

生：要听从老师的指导。

师：世界在变，道理依旧。老师在自己的工作中，就曾听有的家长说，"我的孩子太笨了""我家那个一点都不聪明"。如果你是老师，你遇到了这样的家长，该怎么办呢？

生：我想给他讲讲《学弈》的故事。

师：正所谓讲道理不如讲故事，你具备特级教师的潜质。那就讲给我们听听吧。（该生讲故事）

师：一则小故事，一个大道理。感谢这穿越千古的故事，感谢这精美雅致的文言，感谢这最美的课堂。让我们一起背一背这则故事吧！（学生一起背诵，不能背诵的可以偷偷看一下课本）

师：遇见文言，遇见智慧，我们一定会遇见更好的自己。下课！

总 评
学弈亦是学艺

《学弈》是六年级下册第五单元中的一篇文言文，选自《孟子·告子上》。此文短小精炼，虽不足百字，但却通过一个古人学弈的小故事告诉人们一个深刻的道理，深入浅出，引人深思。

教学中，要想让学生明白其中的道理，就必须引导学生读懂故事内容。文言文对于小学生来说，接触不多，读起来有一定难度，但六年级学生已经有一定的文言文学习基础，教师如何引导学生运用已有的学习经验进行自主学习尝试，如何搭设梯阶引导学生边读边悟，最终达到学习目的，显得尤为重要。因此，在丁老师的课堂中，学生不仅仅是在学习《学弈》这篇文章，更是在学习学好文言文的方法，这其实也是一种"学艺"。

一、借助注释学辨音

学文言文，读好是关键。读好的第一步就是读准字音，而如何辨别文中的多音字则是难点。据意辨音是解决文言文中多音字难题最常见的方法。教师在文言文教学中，不但要教会学生了解这种方法，还要教会学生运用这种方法。

本文中，"为"字出现了两次，一处为"一心以为有鸿鹄将至"，另一处为"为是其智弗若与"。当学生在预习当中，发现这个多音字比较难辨析后，丁老师没有马上给出答案，而是引导学生先自己想办法，自己动手实践。学生通过读注释、查字典等方法，辨析出第一个"为"是"以为"的意思，读第二声；第二个"为"是"因为"的意思，读第四声。在后面一篇文言文《两小儿辩日》中，也出现了多个"为"字，如果学生在本节课掌握了这个方法，那么下节课的"为"字读音就会迎刃而解。所以，有时候，教师在课堂中不急不躁，稍稍示弱，反倒会锻炼学生的思维能力和实践精神。

二、联系前后学辨意

文言文的表达形式与现代白话文有较大的差别，学生对本文意思的理解有一定的难度。尤其是文章中古今异义和一词多用的词更是难以琢磨。丁老师在课堂中，以"之"字为例，引导学生学习辨别字义的方法，恰到好处。文中"之"字共出现六处，其中，大多起到指代的作用。但是，具体指代什么，必须联系上下文进行辨别。如在"一人虽听之"和"思援弓缴而射之"两句中，"之"字都在句尾，也都是指代的作用，但第一个"之"指代的是"弈秋说的话"，第二个"之"指代的是"鸿鹄"，意思完全不同。

值得赞赏的是，丁老师在引导学生联系上下文辨析"之"字意思后，并没有就此打住，而是进一步引导学生感悟这样表达的好处是避免重复，使文章更简洁，加深了学生对文言文表达形式的理解。这样的教学，水到渠成。

在本文中，"之"字的意思除了指代外，也还有"其他"的意思。接下来，丁老师通过联系上下文和删除比较法，让学生进行了解，并在朗读中培养语感。最后，以通俗易懂的拟人化的手法进行小结，令人印象深刻。

丁老师在课堂中，以一个小小的"之"字为突破口，引导学生通过多种方法辨析文言文中难懂词语的意思，起到了四两拨千斤之效。

三、借助插图学解文

在读好文章，理解了难懂词语的意思后，如何引导学生理解全文意思是一个重点，理解了全文意思，才算初步读懂了故事。

教材中，除了课文外，编者留给我们的许多额外的信息都可以加以利用，成为我们学习的拐杖和补充。丁老师在课堂中引导学生关注文中的插图，采取图配文的形式巩固理解每一句的意思。值得一提的是，丁老师将插图按照课文内容顺序进行了拆分，让学生逐个观察，逐句理解。插图中，截然不同的两个人物的神情、动作等都能帮助学生对课文中每一句意思的理解更细致，更深入，是在学生借助注释理解意思上的巩固和补充。这样以视觉冲击的形式逐句理解和朗读，也为学生接下来的背诵积累打下了基础。

四、联系生活学悟理

本单元的语文要素是"体会文章是怎样用具体事例说明观点的"，旨在引导学生不但要敢于表达自己的观点，还要做到有理有据。从这个故事当中，我们到底悟到了怎样的道理，需要学生表达出来。如果单单讲粗浅的道理，对学生来说并不难，文中的"专心致志"一词就已经有所提示了。但要真正深入地理解道理，则需要引导学生打开思维，将生硬的道理与自身生活实际相链接，理解才会更深刻。

课堂中，丁老师抓住最后一句话"为是其智弗若与？曰：非然也"引导学生探寻学习效果与哪些智力因素以外的东西密切相关。孩子们你一言我一语地聊了起来。不知不觉中，就联系到了生活当中的具体例子。这时，老师创设了一个情境，再次引导学生换位到老师的角色来看待"笨孩子"产生的原因。通过这样的方式，学生对《学弈》这篇文章所蕴含的道理就不单单停留在"专心致志"一词上面了，而是有了自己更广泛、更深刻的认识。

在这一节课中，可以看出，丁老师不是单纯在教《学弈》的故事，也不是单纯在教学习要专心致志的道理，而是借助故事学会学习文言文的一些方法，在故事中明白一个道理并寻找生活中的影子。

后　记

中原大地，沃野千里，淮河穿流而过，滋养两岸百姓。我的家乡就位于淮河流域。

父母都是庄稼人，一把铁铲常年相伴，不论春秋冬夏，还是寒暑晨昏，他们都行走在那片土地上，土里刨食，土里长大。土地沉默着，不发一言，却长养着一季季的麦子，一茬茬的油菜，蔬菜瓜果也随着季节的变化接踵而至。这是土地对勤劳的馈赠。

父母依赖土地，于是，研究土地，何时深挖保墒，何时浅锄除草，种玉米需要施什么样的肥，什么时候红薯要育苗了，如此种种，他们都了如指掌。农闲的时节，总能看见他们走在田间的小路上。在自家地头看一看，在他家田边瞧一瞧，仿佛有无穷的乐趣。遇见了同村的人，望着这绿葱葱的庄稼，话匣子就瞬间打开了。这是土地对农人精神的长养。

我踏上三尺讲台已逾廿载，这么多年过去了，对讲台、粉笔和黑板的热爱有增无减，就像父母对那一方土地的热爱一样。

回首刚刚走上讲台的那段时光，我的内心是惶恐的。面对一篇课文，教什么、怎么教这些问题总是困扰着我，更别谈为什么这么教这样的深层次问题的探究。面对一个个困惑，我只好学着有经验的老师的样子，摸着石头过河。闲暇的时候，我走进了图书馆，在书中向一位位名师求教，再在课堂上实践。这些实践，有成功的欣喜，有失败的沮丧，也有我对语文的思考：怎样培养学生的语文素养。生活有多宽广，语文的世界就有多广大，不仅如此，纵横五千年的中华传统文化、遍布全世界的各国优秀文化，不都是学生学习语文的养料吗？

时光不居，岁月如流。在无声无息的岁月长河里，在日复一日的教学生活中，我困惑过、快乐过、挣扎过、获得过，真是五味杂陈，可是，我从来没有放弃过。2019年暑假，为了心中的教育梦想，我赶赴杭州，在"诗意语文"的旗帜下，听王崧舟老师阐释语文的大义和文言文教学的堂奥。

语文教学的天地自然是无限宽广，可文言文教学对于我们这个历史悠久的文明古国来说意义非凡，因为文言是我们民族的血脉和文化的源头，我们民族的秉性和气质是流传千年的文化塑造的。随着新一轮课程改革的开启，部编本教材全面推行，文言文教学提到了非常重要的地位。

趣之所在，势之所趋，我踏上了文言文教学研究的道路。在这个过程中，我越来越发现只有贴合了儿童的课，才能让真正的学习发生。兴趣是最好的老师，感情是最好的驱动。有情有趣才能让思维活起来、课堂活起来，让蕴涵在文本里的思想和智慧活起来。我如获至宝一般，循着这条路径勇敢地向前走去，把自己的思考和实践汇于笔端，凝结成了这本《有情有趣教文言》一书。

大道不孤，行者无疆。在研究的路上，我有幸得到了王崧舟、王冬精、吉春亚、彭才华等名师们的指点，谢谢各位百忙之中给予的指导。感谢东莞市教育局教研室的严考全主任和黄小颂老师对我的引领，为我打开了一扇窗。感谢南城教育管理中心和我工作的南城阳光第六小学的领导与同事们给我的关怀与鼓励，让我感动，动力十足地投入到思考当中。

如今，《义务教育语文课程标准》（2022版）已经发布实施。新的课程标准厘定了语文课程的性质:"语文课程在推广普及国家通用语言文字、增强凝聚力、铸牢中华民族共同体意识,建立文化自信、培育时代新人,实现中华民族伟大复兴等方面具有不可替代的优势。"明确表述语文课程的目标:"热爱国家通用语言文字,感受语言文字及作品的独特价值,认识中华文化的丰厚博大,汲取智慧,弘扬社会主义先进文化、革命文化、中华优秀传统文化,建立文化自信。"

传承有抓手,发展有路径,课堂是根基。面对新的课改浪潮,遵循学生身心发展规律,聚焦学生发展核心素养,以文化人,以文育人,培养学生适应未来发展的正确价值观、必备品格和关键能力,我将继续行走这这片土地上。

我深知一个人的成长离不开一群人的关心,一点点成绩的取得离不开长时间的坚守,就像父辈们对那方土地的热爱一样,长年累月,默默耕耘。语文的世界是广袤的,自己关于文言文的教学的思考是微不足道的。限于个人的水平,难免贻笑大方,期待同仁们给予指正,便于我今后的研究和实践。

丁浩东

2022 年 8 月 13 日